美国股市投资手册

投资产品、分析方法及投资策略大全

（第二版）

Stock Investing Handbook
A Complete Guide to Investment Products, Analytical Methods and Investment Strategies
（Second Edition）

许 铼 博士，CFA
Tan Xu, PhD, CFA

Copyright © 2011 by Tan Xu

All rights reserved.
版权所有 翻版必究

Limit of Liability/Disclaimer of Warranty: While the publisher and author have tried their best in preparing this book, they make no representations or warranties with respect to the accuracy or completeness of the contents of this book and specifically disclaim any implied warranties of merchantability or fitness for a particular purpose. No warranty may be created or extended by sales representatives. Neither the publisher nor author shall be liable for any loss of profit or any other commercial damages.

免责声明：本书作者及出版社已尽力确保内容的准确性和完整性。作者及出版社均不对本书的内容作任何形式的担保。本书提供的信息及建议仅供参考。阁下在做任何交易决策前，敬请注意风险。作者及出版社恕不对阁下投资所产生的盈利或损失承担任何责任。

欢迎访问美股 168（www.meigu168.com）以获得更新的美股资讯。

批量订购可获优惠，请联系：ex668@hotmail.com。

书名	美国股市投资手册
	—— 投资产品、分析方法及投资策略大全
版本	简体中文版
作者	【美】许 锬
出版	美国创新天地
版次	2011 年 2 月第 2 版
书号	ISBN 978-1450530132
定价	12.88 美元

导 言

作为世界上最大、交易最活跃的股票市场，美国股市是全球投资界精英和巨量资金云集之处，也是很多享誉全球的大公司资本的主要源泉。同时，美国股市的公平和开放使其成为世界各地广大普通投资者财富保值和增值的理想场所。美国股市为投资者提供了非常多样化的选择。无论是以安全稳健为目的，还是以追求高收益为目的，都可以在美国股市找到合适的投资产品。此外，对于一些政治经济不稳定或法律制度不健全的国家的居民，美国股市还是资金的安全避风港。勤劳节俭的优良传统使世界各地的华人迅速积累了大量财富。但投资理财知识的欠缺却使得不少人在政治经济动荡或盲目投资活动中损失惨重。本书的目的就是向全世界的华人投资者介绍美国股市和如何在股市中获得丰厚的投资收益。

由美国人撰写的股票投资书籍基本上分为两个极端：一类专注于本流派的选股理念及投资心得而忽略日常投资活动中常见的问题，也很少系统介绍适用于不同市场状况下的其它策略；另一类则浅显易懂、注重实际操作但缺乏系统而深入的分析和讲解。这两类书都不能完全满足华人投资者的多方面需求。而绝大多数华人撰写的股票投资书籍都是以大中华地区的股市为讨论对象，其投资方法、经验和理念很多并不适用于美国股市。为帮助广大华人投资者迅速成为一名美股投资专家，我们将大量优秀的投资类出版物中堪称精华的知识和技巧用简洁易懂的语言全面、系统地在本书展示。风险控制的理念贯穿全书各章节，务求让读者在进入股市前了解股市运行的原理、可选择的投资产品和投资策略的特性、风险及适用的市场环境。我们衷心希望本书能帮助读者避免在股市上栽跟头和付出昂贵的学费。本书各章的内容既相互联系，又独立成篇。读者可根据自己兴趣及需要有选择地阅读。以下是本书的部分特色内容：

- ➢ 全面介绍美国股市中各类投资产品的特性及风险（第三章）。特别介绍大中华（包括中港台和新加坡）ETF 和 ADR。对高风险投资品作提示。
- ➢ 以简明的语言列出与投资相关的税法条款，包括分别适用于美国公民和外国公民的条款、职业交易员条款、冲洗交易、退休金账户和国际账户的税收减免、用亏损抵减未来收入的方法、税收协定及应填报的表格等（第四章）。
- ➢ 介绍 16 种股票投资策略及 17 种期权组合策略（第八章），涵盖了几乎所有市场状况下的赢利策略。内容包括各类策略的特性、优劣、适用情况以及具体实施方法等。
- ➢ 介绍七大类 14 个经济指标报告及其对股市的影响（第五章）。重要经济指标的发布往往能对股市产生显著影响。如果不在经济指标发布前了解其可能产生的影响，则难以在消息发布时做出迅速而准确的反应。

欢迎登录 www.meigu168.com/reg.htm 注册本书的幸运号 **win888**

- 讲解八类主要公司事件对股价的影响（第七章）。收购兼并、盈利公布和股息变动等公司事件经常包含十分有用的信息。讲解内容包括事件的可能动机、对公司价值的影响及股价的反应等，为投资决策提供可靠的依据。
- 介绍美国股市200年跌宕起伏的历史以及股市的运作原理和结构（第一章）。
- 编入银行、保险、软件、电信和石油五个行业的研究报告（附录B－F）以帮助读者熟悉这些行业的基本情况，提高投资的成功几率。
- 涵盖主要技术分析方法和理论：趋势、指标及震荡量分析、道氏、艾略特波浪及江恩三大理论、日历效应、规则交易、算法交易及神经系统（第六章）。
- 介绍公司财务分析方法及四大类30个主要财务指标（第五章）。
- 简要介绍现代资产组合理论、行为金融和事件研究等金融理论和研究方法（第七和第八章）。
- 由于不熟悉法律和语言障碍等原因，华人投资者容易成为国际诈骗集团的行骗对象。本书简要介绍如何防范欺诈和维护自身合法权益（第四章）。
- 介绍美股投资的实务操作（第四章）以降低操作失误的风险。
- 提供中英文对照及索引（结尾），便于读者快速检索相关知识。

　　本书适合专业及非专业投资人士使用。对于专业投资者，本书所涵盖的股票投资方面的知识范围是目前同类书籍中最广泛的，既适合扩展知识面也适合快速查阅已掌握的知识要点；对于非专业投资人士，我们相信您在读完本书后会发现，要获得比投资专家更高的收益并不是一件很困难的事情。本书所遵循的实用性原则使读者可以很快地将所学知识应用到实际投资活动中。对于较少进行定量分析的投资者，本书对影响股价的各类因素的分析为逻辑推理提供了丰富的素材；而对于偏好定量分析的投资者，本书列出的各类分析方法以及经验法则有助于拓展分析的范围和提高分析的准确性。此外，本书列出部分数据及理论的来源以方便研究股票投资的学者进一步探讨。为保证读者获得最新的信息，我们还在美股168俱乐部的网页（www.meigu168.com）随时更新和补充美股资讯。

　　读者不妨将自己想象为一名探寻财富的旅行者而本书是您的旅游指南。我们将在书中向您介绍美国股市这一财富王国中的名胜古迹、历史、文化、制度、求生技巧以及如何快速安全地到达您的目的地。我们还沿途向您推荐一些优秀的出版物以便您对感兴趣的专题作更深入的探讨。现在，请和我们一起踏上这激动人心的财富之旅吧。

目　录

导　言 III

第一章　美国股市概述 1
1. 美国股市发展历史 1
2. 美国股市的主要机构 5
3. 为什么投资美国股市 12

第二章　股票基础知识 15
1. 基本概念 15
2. 股价指数 18
3. 股票分类 19
4. 卖空交易 24
5. 收益与风险 25

第三章　美国股市主要投资产品 29
1. 美国存股证 29
2. 共同基金 31
3. 封闭式基金 33
4. 交易所交易基金 34
5. 单位信托投资基金 41
6. 其它基金 42
7. 股票期权 44

第四章　实际投资操作 47
1. 选择证券经纪商 47
2. 账户类型 52
3. 股票研究及选股步骤 53
4. 美股投资的互联网资源 57
5. 交易指令 59
6. 税务 61
7. 投资者常犯的错误 65
8. 防范欺诈和维护自身合法权益 65

欢迎登录 www.meigu168.com/reg.htm 注册本书的幸运号 **win888**

第五章　基本面分析 67
　　1. 股票定价法 67
　　2. 宏观经济分析 69
　　3. 行业分析 79
　　4. 公司分析 84
　　5. 参考书目 91

第六章　技术分析 93
　　1. 股价走势图 94
　　2. 道氏理论 96
　　3. 趋势分析 98
　　4. 价格形态 101
　　5. 指标和震荡量 105
　　6. 艾略特波浪理论 108
　　7. 江恩理论 108
　　8. 日历效应 110
　　9. 电脑交易决策系统 112
　　10. 参考书目 114

第七章　影响股价的主要公司事件 115
　　1. 盈利公布 115
　　2. 股票回购 117
　　3. 股息变动 118
　　4. 内部人交易 119
　　5. 合并与收购 121
　　6. 公司分拆 122
　　7. 股票分割 123
　　8. 增发新股 124
　　9. 事件研究及行为金融理论简述 125

第八章　投资及交易策略 127
　　1. 买入并持有策略 127
　　2. 择时机交易策略 128
　　3. 指数投资策略 129
　　4. 核心-卫星策略 130
　　5. 成长投资策略 131
　　6. 价值投资策略 132

- 7. 质量投资策略 133
- 8. 收入投资策略 134
- 9. 逆向投资策略 135
- 10. 顺势投资策略 136
- 11. 板块轮换策略 137
- 12. 市场中性策略 139
- 13. CANSLIM 策略 141
- 14. 道的狗策略 142
- 15. 生命周期投资策略 143
- 16. 美元成本平均策略 144
- 17. 股票期权策略 145

附录 A. 美国与各国税收协定中与投资相关的税率 151

附录 B. 银行业报告 153

附录 C. 保险业报告 155

附录 D. 软件业报告 157

附录 E. 电信业报告 159

附录 F. 石油业报告 161

中文索引 163

英文索引 167

第一章 美国股市概述

以史为鉴,可以知兴替。了解美国股市两个世纪以来跌宕起伏的历史,有助于在投资活动中把握先机、运筹帷幄;而要在股市这个没有硝烟的战场上左右逢源,则要了解活跃其中的各类机构。本章回顾美国股市的发展历史、介绍其中的主要机构并阐述美国股市对投资者具有强大吸引力的原因所在。

1. 美国股市发展历史

一般认为,1817 年纽约股票交易所的正式成立标志着美国股市的正式形成。最早活跃交易的是纽约银行和美国银行的股票。从 1860 年到 1870 年间,铁路公司大量上市,在推动股票发行量快速上升的同时也催生了铁路股泡沫。这次泡沫最终随着大批铁路公司的倒闭而破灭。

十九世纪后期铁路、制造业和矿业公司的大量上市融资活动促进了美国股市的迅速发展。第一次世界大战的结束为美国股市创造了十分有利的发展环境:一方面自由贸易的扩大和较低的通货膨胀率促进了美国企业竞争力的提高。汽车、无线电设备和化工领域的新技术如雨后春笋般涌现,为经济发展提供了广阔的前景;另一方面,战争公债逐步退出、国际资本流入美国和银行资金流入股市为美国股市提供了充足的资金供应。在这些因素的刺激下,美国股市在 1929 年达到了空前繁荣,人们普遍认为美国经济已经进入了"新纪元"。公众购买股票的热情高涨。很多人向银行和证券行贷款买股票。大量的投机资金涌入股市,推动了股价不断创新高。从 1927 年 9 月到 1929 年 9 月两年间,反映美国股市价格变动情况的道琼斯工业平均指数上涨了将近一倍。汽车和无线电股票成为这一时期投机的热点。

就在人们对股市的乐观情绪进入疯狂状态的时候,美国有史以来最严重的大熊市[①]来临了。道琼斯工业平均指数在 1929 年 9 月 3 日创下 381 点新高后一个月内急跌 17%,结束了长达 6 年的大牛市。此后,虽然经历了几次反弹,但股市在恐慌性抛售压力下继续下跌。这次大熊市直到 1932 年 7 月 8 日才以道琼斯指数跌至 41 点结束,持续时间约 34 个月,跌幅高达 89%。此后,直到 1954 年 11 月道琼斯指数才恢复到 1929 年高点的水平,历时 268 个月。

---

① 熊市是指股票价格普遍下跌时候的股市;牛市是指股票价格普遍上涨时候的股市。

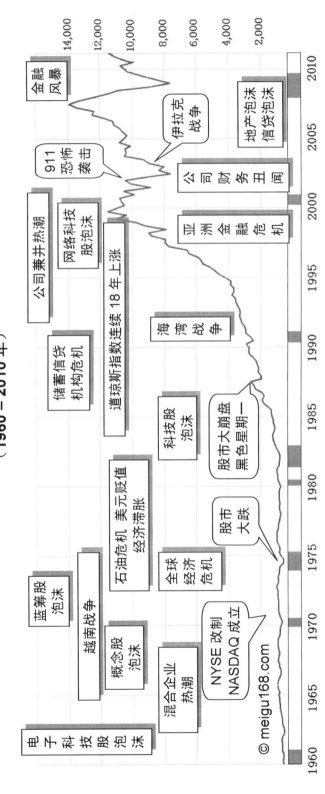

图 1-1 道琼斯工业平均指数近 50 年走势及历史事件回顾（1960－2010 年）

本图显示道琼斯工业平均指数从 1960 年 1 月到 2010 年 12 月的走势图。横坐标轴上深色区域表示美国经济处于衰退期。图中的方格显示在相应时段发生的重大事件。

1929 年的股市大崩盘极大地打击了公众对股票的信心。股票的价值也被严重低估。在股市处于低谷的时候，不少股票的价格还不到其账面价值①的一半。为了控制金融风险，美国政府加强了对证券市场的监管。国会通过了证券法（1933 年）和证券交易法（1934 年）等一系列法案并成立了证券交易委员会（SEC）作为证券行业的主要监管机构。操纵股价、非法内部人交易和坐庄等一些在二十世纪初被华尔街习以为常的行为被立法禁止。保护投资者权益和提高上市公司财务透明度成为金融监管的主题。由此，美国股市进入了规范化发展时代。

六十年代，美国股市进入了疯狂的成长型投资时代。投资者争抢各类股价可能大幅上升的股票。首先是电子科技股热潮，投资者对成长型企业的盲目追捧导致了半导体、光学仪器、宇航等新技术行业股价大幅飙升。IBM 和德州仪器等一些股票的市盈率②一度超过 80 倍。然而到了 1962 年，这些科技股突然间由众人争抢的香饽饽变成无人敢接的烫手山芋，其价格大幅下跌。这波电子股热潮尚未消退，混合企业热潮就已悄然来临。一些公司通过一系列收购兼并活动制造公司利润快速增长的假象。这类收购活动不创造价值，但可以在没有实际利润增长的情况下提高股票的每股利润，从而达到哄抬股价的目的。这波混合企业热潮最后因为联邦贸易委员会和司法部对混合企业的合并调查和收购兼并会计制度的修改而在 1968 年结束。

六十年代后期，投资者热衷于那些有着让人兴奋的概念和成功故事的股票（通常称为"概念股"）。投资者关心的是上市公司所标榜的优势（例如全新的商业模式或产品）是否会得到市场的肯定，而不管这些公司许诺的高收益能否兑现。一些投资者认为，故事的真实性并不重要，只要接下来还有其他的投资者相信这个故事并买入这只股票，股价就一定会上涨。当熊市（1969–1971 年）再度来临时，这些概念和故事很快失去听众。概念股价格急剧下跌。

七十年代初期，投资者开始追逐"理性投资"的潮流。他们争相持有那些能够长期稳健成长的股票。其中最受青睐的是 IBM、通用电气、可口可乐、麦当劳和宝丽来等 40 多只家喻户晓的蓝筹股③。不少投资者认为由于这些公司未来能产生较稳定的收入而且不会倒闭，即使以高价买入其股票，也能在未来赚回来。机构投资者的大量购买使得这些被称作"时髦 50 股"的股票价格猛涨。顶峰时期它们的平均市盈率超过 60 倍。这一波蓝筹股泡沫最终在 1973 年的股市下跌中破灭。从 1972 年到 1981 年，美国股市在石油危机、美元贬值和经济滞胀的阴影下徘徊不前。

---

① 股票的账面价值就是上市公司的总资产减去负债后剩余的价值。由于公司有资本增值的潜力，股票的价格在通常情况下高于股票的账面价值。
② 市盈率（P/E Ratio）等于股价除以每股年度利润，是用来衡量股价水平的重要指标之一。大致来说，市盈率越高表明股票价格越高。美国股市的平均市盈率通常在 15 倍左右。
③ 蓝筹股是指知名度较高、有较稳定的利润收入而且财务稳健的公司发行的股票。

八十年代，较低的通货膨胀率、坚挺的美元和较高的利率吸引了国际资本的流入，带动了美国经济和股市的繁荣。从1982年到1987年最高点的5年时间里，道琼斯指数涨幅超过200%。高科技公司新股发行迅速增加。这一时期发生了比六十年代更为疯狂的科技股泡沫，而且泡沫涉及的领域增加了生物技术和微电子行业。很多生物科技股在没有任何利润的情况下，股价一路狂飙。但是到了八十年代中后期，大多数生物科技股的市值下跌超过70%。

1987年10月发生了全球股市的恐慌性大崩盘。其中以10月19日的下跌最为严重：道琼斯指数当日跌幅达22.6%，是该指数有史以来最大的单日跌幅。这一天被称作"黑色星期一"。对此次崩盘的解释有很多，包括：美国股市在经历了较长的牛市后股价过高导致的回调、程序交易触发大量抛盘和金融衍生工具交易的影响等。政府迅速采取一系列措施恢复公众信心和帮助银行度过难关。这次下跌持续时间不到一个月。道琼斯指数在该年年底收盘时比年初还略有上涨。此后，指数在1989年再创新高。

九十年代，在美国经济增长强劲、失业率和通货膨胀率低、美元坚挺、外资流入增加、科技创新和企业收购兼并活跃等有利因素的支持下，股市持续走强。道琼斯指数连续18年上涨（1982-1999年）。这是美国股市有史以来时间最长的牛市。道琼斯指数在这18年里增长超过12倍，按复利计算平均每年上涨15.38%。

九十年代后期，互联网热潮兴起。Amazon和Yahoo等热门互联网股票的价格一年之内上涨10倍或更多。反映科技股价格变动情况的纳斯达克指数在2000年3月10日创下5,048.62的历史最高记录，比一年前增长了110%。投资者再次相信科技进步可以带动经济无限增长。但好景不长，随着利率的不断上升，经济增长的动能逐渐减弱。这波互联网热潮在2000年以科技股股价一落千丈和大量科技股退出股市收场。从2000年3月到2002年10月，科技股的总市值锐减5万亿美元。

2001年9月11日发生的"911恐怖袭击"使得美国股市连续数日大幅下跌，一周之内蒸发掉1.4万亿美元的市值。这场灾难使得美国国家安全成为投资者必须考虑的风险因素之一。

九十年代末到二十一世纪初的股市泡沫滋长了财务欺诈和投机活动。一些公司管理层通过造假账、虚假交易以及与会计师事务所和投资银行串谋等方法哄抬股价。而2000-2002年股市的暴跌使得这些过去被牛市掩盖的财务丑闻显露出来。联邦政府着手对涉嫌欺诈的公司进行了调查。国会也通过一系列法案加强对上市公司的监管。Enron和WorldCom等曾经用欺诈手段红极一时的公司破产，卷入财务丑闻的会计师事务所和投资银行也受到不同程度的处罚。

互联网泡沫才破灭，新的泡沫就已经在酝酿之中。股市的暴跌使得大量资金逃离股市而涌入相对安全的房地产市场，而联邦储备银行在2002-2004年间为刺激经济而采取的低利率政策更刺激了居民贷款买房。需求的增加推动了房地产价格的猛涨。房价的上涨使得购房者得以增加住房抵押贷款的额度，促使居民过度借贷和提前消费。

房地产价格一再以出人意料的速度上涨使得一些分析师开始相信房地产价格能够以每年6%到7%的速度无限增长。另一方面，低利率驱使金融机构将资金从低收益的政府债券转移到高收益的房地产抵押债券和金融衍生品市场上。银行由于可以方便地将贷款转换为证券并出售而过度放贷。这些因素导致了房地产泡沫、信贷泡沫和金融衍生品市场的过度膨胀。股票市场也由于这些新泡沫而高速膨胀并吸引了大量外国资金的流入。2007年10月9日道琼斯指数创下14,165点的新高。

历史再次证明了所有泡沫都必然破灭的规律。2006年，在房价回落和利率逐步上升等因素的作用下，房地产贷款违约率开始上升。2007年，危机首先在次级债[①]市场爆发：银行坏账大幅上升，大批住房抵押贷款公司倒闭。在2008–2009年间，危机扩散到优质债务市场和金融衍生品市场并导致了自1929年大萧条以来最严重的经济危机和股市崩盘。莱曼兄弟、美林、AIG、花旗集团和通用汽车等一批历史悠久、声名显赫的大公司也在这次危机中倒下、被收购或在政府救济下勉强度日。2009年3月9日，道琼斯指数跌至6,547点，比历史最高点下跌了53.8%。股价在随后的几个月里快速反弹。2009年结束时，道指回升至10,428点，涨幅达59.3%。2010年，美股虽然受高失业率和欧洲债务危机等负面因素困扰，但在经济复苏和美联储量化宽松政策等有利因素刺激下仍延续了上涨的态势。道琼斯指数当年上涨11%。

回顾美国股市200年的历史，我们可以预见未来股市依然会出现泡沫，而且泡沫总会破灭。这是由人性中的贪婪和恐惧决定的。人们总会寻找各种理由去相信某些可以让自己发财致富的故事。如果不下功夫去了解股市和投资的特性而盲目追求高收益，其结果往往是血本无归。再高明的经济学家和分析师都无法总是准确地预测股市的走势。但我们可以通过加深对股市的了解来避免由于缺乏认识而做出错误的投资决策。

2. 美国股市的主要机构

股票市场可以分为一级市场和二级市场。一级市场是指公司向投资者公开发行新股以募集资金的市场。发行股票的公司将出售股份获得的资金投入到运营中以赚取利润。二级市场是指新股发行结束以后股票在投资者之间交易的市场。大多数情况下，人们讨论股市行情指的就是二级市场的行情。二级市场的主要参与者包括上市公司、股票交易所、投资者、证券交易商和监管机构。证券行业的监管机构是投资者权益的最主要保障。每一位投资者都应对这些机构有所了解。我们将由此开始介绍。

[①] 次级债是指利率高于优质贷款利率的债务。这类债务的利率较高是由于借款人信用等级较低或借贷金额过高等原因而被放贷机构认为违约风险较高。

行业监管及投资者保护机构

证券交易委员会（SEC），全称 Securities and Exchange Commission，成立于 1934 年，是美国证券业最主要的监管机构。SEC 的职责包括保护投资者权益以及维护公平、有序和高效率的市场。SEC 处理的常见案件包括：内部人交易，误导投资者、故意泄漏上市公司非公开信息、操纵市场和违反信托责任等。SEC 主要分为四个部门：

> 公司财务部：负责监管上市公司依法提交的报告以确保其中披露的信息是审慎的和真实的。上市公司依法提交的报告包括年报财务报表（10-K）、季度财务报表（10-Q）以及重大事件的信息披露。报告经过 SEC 审核后，保存在公开的电子数据库 EDGAR（www.sec.gov/edgar.shtml）中。

> 市场监管部：负责制定证券业的游戏规则。更具体地说，包括制定行业法规、评估现行法规的实际效用、提出法规修改意见和监管证券业从业人员等。该部门的主要监管对象是交易所、清算所和券商。

> 投资管理部：负责制定投资管理行业的游戏规则。该部门的主要监管对象是投资公司和投资顾问。

> 执行部：与上述三个部门紧密合作，调查违反证券法规的行为和采取法律行动。由于该部门仅有民事执行权，当涉及刑事罪案时，该部门必须与美国联邦调查局（FBI）或地方警察合作处理。

SEC 主要根据以下联邦法案监管证券市场：

> 1933 年的证券法（Securities Act of 1933）
> 1934 年的证券交易法（Securities Exchange Act of 1934）
> 1939 年的信托合同法（Trust Indenture Act of 1939）
> 1940 年的投资公司法（Investment Company Act of 1940）
> 1940 年的投资顾问法（Investment Advisers Act of 1940）
> 2002 年的萨班斯-奥克斯利法（Sarbanes-Oxley Act of 2002）

SEC 将一部分监管权力委托给证券行业的自律组织。由行业自律组织监管的优点是这些组织熟悉本行业的经营方式并在本行业有广泛的人脉，因此能够及早发现问题并提出更符合本行业利益的解决方案。其缺点是行业自律组织有可能为维护成员公司（证券商）的利益而不愿进行有利于保护投资者利益的改革。 我们下面介绍的金融行业监管局（FINRA）就是证券行业最大的自律组织。SEC 的网址是 www.sec.gov。

金融行业监管局（FINRA），英文全名 Financial Industry Regulatory Authority，是由全国证券商协会（NASD）和纽约股票交易所的执法部门于 2007 年合并而成的、目前美国证券行业最大的自律组织。FINRA 管理所有与公众有业务往来的证券商：将近 4,850 家证券公司和 65 万证券业从业人员。FINRA 的职责范围几乎涵盖证券业务的所有方面，主要包括：

> - 监管证券交易所的交易活动
> - 考核和向从业人员颁发执照
> - 制定行业规则
> - 调解和仲裁纠纷
> - 审查广告以保护投资者免受误导
> - 调查违法违规行为并进行谴责、罚款或吊销从业资格等处罚
> - 投资者教育

FINRA 的网址是：www.finra.org。

除了 SEC 和 FINRA 对证券业进行监管外，美国各州的证券业监管机构也根据蓝天法①对证券业进行管理。读者可以登录北美证券管理协会的网页（www.nasaa.org），点击"Contact Your Regulator"查找各个州的证券业监管机构。

证券投资者保护公司（SIPC），英文全称 Securities Investor Protection Corporation，是由国会在 1970 年成立的，以保障证券投资者在证券商倒闭时的利益为主要目的的公司。SIPC 在证券商倒闭时主要起到两个作用：1）将客户寄存在券商的现金和证券返还给客户；2）如果券商没有现金和证券，则 SIPC 向客户补偿价值不超过 50 万美元的证券或现金（其中现金不超过 10 万美元）。

SIPC 并非政府机构，而是一家由成员公司（主要是证券交易商）出资维持运营的非营利性组织。SIPC 不对由于证券价格变动所产生的损失进行补偿，也不处理对券商欺诈行为的投诉。SIPC 的网址是：www.sipc.org。

股票交易所

纽约股票交易所（NYSE），全称 New York Stock Exchange，是当今全球规模最大的证券交易所。NYSE 的历史可以追溯到 1792 年由 24 位证券经纪人在华尔街一棵梧桐树下签署的《梧桐树协议》。1817 年 NYSE 正式成立并经过选举产生了第一任主席。截止 2010 年底，共有 2,317 家企业在该所挂牌交易，总市值达 13 万亿美元。

NYSE 以集中拍卖的方式达成股票交易，即将买家和卖家的指令集中起来，由交易所按照将最低的卖出价和最高的买入价先撮合的原则成交。NYSE 内有受雇于 7 家

---

① 蓝天法（Blue Sky Law）是美国各州立法机构制定的用于监管证券发行和销售行为的法律。虽然各州的蓝天法在具体条款上不尽相同，但是一般都要求证券的发行和销售必须在所在的州登记注册。蓝天法由各州的执法机关负责执行。

公司的大约 400 名专员（Specialist）撮合股票交易的买入和卖出指令。大多数的专员负责 5 到 10 只股票的交易撮合。专员的职责是维护股票交易的公平性、竞争性、秩序性和高效率以保证每位客户的交易机会均等和以最优价格成交。当股票短期内出现买单（卖单）过多时，专员可以充当卖方（买方）以平衡市场上的买卖数量。当股价出现过于剧烈的波动时，专员可以通过买入或卖出股票的方法减少股价在两次连贯的交易之间的变动幅度。

NYSE 采用公开叫价方式进行证券交易。所谓**公开叫价（Open outcry）**，就是买卖双方围绕负责撮合某只股票的专员所在的交易席，以语言和打手势的方式进行讨价还价以达成交易。专员将交易和报价数据录入专员账册（Specialist's Book）以备日后检查。那些讨价还价的人通常称为场内交易员（Floor Trader）。场内交易员是以自营方式在交易所内通过交易赚取买卖差价的 NYSE 成员，这些交易员既可以为自己进行交易也可以充当经纪人代客户交易。近年来，公开叫价的交易方式正日渐被电脑系统撮合的交易方式取代。

NYSE 由纽约泛欧交易所集团（NYSE Euronext）运营。该公司于 2008 年 10 月合并了曾经一度是美国第二大交易所的美国股票交易所（American Stock Exchange）并将其更名后分成两个交易所：NYSE Amex Equities 和 NYSE Amex Options。前者以交易小型和超小型股票为主。后者以交易期权为主。NYSE 的网址是 www.nyse.com。

纳斯达克（NASDAQ）市场，全称 National Association of Securities Dealers Automated Quotations。NASDAQ 成立于 1971 年，是全美最大的电子板交易市场。NASDAQ 市场中有 500 多家造市商（Market Maker）分别公布股票的买入价和卖出价。投资者选择其中最好的价格成交。造市商则通过低价买进高价卖出赚取价差利润。平均每只股票有 14 个造市商。每一只股票至少有一个造市商。截止 2010 年底，共有 2,778 家公司在该交易所挂牌交易，总市值约 3.9 万亿美元。NASDAQ 和 NYSE 的区别主要有：

> NYSE 由一个中央交易系统来撮合买家和卖家的交易指令；而 NASDAQ 是一个松散的市场，多个造市商各自在市场中报出买入价和卖出价以吸引投资者与其交易。投资者从交易商的相互竞争中获得最优成交价。
> NASDAQ 的造市商在信息获取和交易执行方面的特权比 NYSE 的专员少。
> NYSE 的交易方式包括交易员在交易所内面对面交易、电话委托和电子委托。而 NASDAQ 的交易则完全由电脑系统完成，交易者并不在交易所内。
> 在公司上市条件方面，NYSE 的规定比 NASDAQ 严格。在 NYSE 上市的费用也高于 NASDAQ。
> 相对而言，NYSE 上市的成熟的知名大公司较多而 NASDAQ 上市的成长型的科技公司较多。

NASDAQ 的网址是 www.nasdaq.com。

NYSE 和 NASDAQ 市场在正常交易日的开盘时间为美国东部时间上午 9:30 到下午 4:00。NASDAQ 市场的盘前交易时间是上午 7:00 到 9:30；盘后交易时间是下午 4:00 到 8:00。两个交易所都在节假日关闭。表 1-1 列出美国股市的节假日安排。

表 1-1 美国股市节假日安排

节假日	2011	2012
New Year's Day	1 月 1 日	1 月 2 日
Martin Luther King Day	1 月 17 日	1 月 16 日
President's Day	2 月 21 日	2 月 20 日
Good Friday	4 月 22 日	4 月 6 日
Memorial Day	5 月 30 日	5 月 28 日
Independence Day	7 月 4 日	7 月 4 日
Labor Day	9 月 5 日	9 月 3 日
Thanksgiving Day *	11 月 24 日	11 月 22 日
Christmas *	12 月 26 日	12 月 25 日

* 感恩节后一天和圣诞节前一天股市在美国东部时间下午 1:00 收盘。

电子通信网络（ECN），英文全名是 Electronic Communications Network，是一种将股票买方和卖方联系起来直接进行交易的电子交易系统。ECN 能自动撮合交易指令并保留交易记录，因而无须交易所专员和造市商参与。SEC 于 1998 年批准成立 ECN。ECN 的成立增加了证券交易商之间的竞争从而降低了交易费用。与传统交易所相比，ECN 的优势主要有：1) ECN 允许客户匿名交易。投资者可以在不引起注意的情况下买卖大量证券；2) 由于交易是通过电脑系统自动完成，投资者可以在任何时间交易而无须等待交易所开市；3) 交易成本低廉。这些优势使得近年来 ECN 的成交量占总成交量的比重迅速上升。除了交易所可以运营 ECN 外，证券商也可以运营 ECN。个人投资者要通过拥有 ECN 使用权的证券商获得使用 ECN 的资格。ECN 的收费方式主要有两种：

> 按交易方式收费：ECN 向提供流动性的使用者支付费用（每股 0.2 到 0.295 美分）并向减少流动性的使用者收取费用（每股 0.25 到 0.3 美分）。ECN 赚取的利润是两者之差。所谓**提供流动性**的交易，是指使得市场上可交易的股票增多的交易。例如，高于市场价的限价卖出交易使得市场上可以买入的股票增多，因此为市场提供了流动性；所谓**减少流动性**的交易，是指使得市场上可交易的股票减少的交易。例如，以市场价买入或卖出股票的指令减少了市场上可交易的股票，因此减少了市场的流动性。使用者需付的费用（或赚

钱的收入）根据交易量每个月结算一次。收费标准有两种：一种是交易量越大，费用越低；另一种是无论交易量大小，每笔收取固定的费用。
- 收取使用费：ECN 向所有使用者收取费用（每股 0 到 0.15 美分）。ECN 对提供流动性多的使用者设定的收费标准往往较低。

柜台交易市场（OTC Market）是在交易所之外交易股票的市场。OTC 的全称是 Over-the-Counter。在柜台交易市场交易的股票风险较高。而且，由于市值小、交易不活跃，股价容易被操纵。新手应避免投资这类股票。

柜台交易市场主要有柜台电子公告板和粉红单市场。**柜台电子公告板（OTC Bulletin Board 或 OTCBB）**是一个显示股票实时报价和成交量信息的电子报价系统。在该系统报价的股票都是不在全国性股票交易所上市的股票。在 OTCBB 上市的公司要定期向 SEC 提交财务报告。与交易所不同的是，OTCBB 并无监管上市公司行为的权利和义务，也不要求上市公司在总市值、股价和公司监管等方面达到一定条件。在 OTCBB 上市的好处主要有：上市门槛较低、上市程序简单和上市费用低廉。在柜台交易市场交易的股票主要是规模小或达不到交易所上市要求的股票。另外，那些由于不再满足交易所上市要求而退出交易所的股票常常转到 OTCBB 上市。OTCBB 由纳斯达克监管，但本身并不属于纳斯达克。一些在 OTCBB 上市的公司声称其股票在纳斯达克上市以误导投资者。这是一种欺诈行为。 要了解更多 OTCBB 的信息可访问 www.otcbb.com。

粉红单（Pink Sheets）市场是由 Pink OTC Markets 运营的电子报价系统。该系统从多个证券交易商处获取 OTC 股票的报价。该系统得名的原因是在 2000 年电子报价系统投入使用以前，该系统的报价是打印在粉红纸上的。在粉红单市场上交易的股票大多数市值非常小、交易量很小。而且，由于在该市场上市的公司无须向 SEC 递交财务报告，普通投资者很难获得可靠的公司信息。

股票研究机构及分析师

从事股票研究的机构主要包括券商、机构投资者和研究咨询公司。股票研究的目的主要是发掘投资机会、优化投资组合和收取咨询费。此外，在媒体上发表股评还可以扩大本公司知名度。股票分析师是从事股票研究的专业人员，可分为三类：

- **卖方分析师（Sell-Side Analyst）**受雇于证券商，为客户提供股票买卖建议。虽然证券法对这类分析师的行为有严格的监管，但不排除个别分析师为本公司利益而提出一些不客观的投资建议。例如，推荐客户买入与券商有业务往来的公司的股票以赢得这些公司的业务。因此，投资者还应参考独立研究机构或买方分析师的建议再作投资决定。

> **买方分析师（Buy-Side Analyst）**受雇于机构投资者，向本公司基金经理提供股票买卖建议。
> **独立分析师（Independent Analyst）**受雇于独立股票研究机构。独立股票研究机构是指提供股票研究和投资咨询服务而本身并不从事股票交易的机构。这类机构有 Standard & Poor's、Reuters 和 Morningstar 等。

机构投资者（Institutional Investors）是指拥有大量资金并聘用专业人士进行投资的机构，主要包括养老基金、共同基金、对冲基金、银行、保险公司和一些国家的主权基金。其中控制资产最多的是养老基金。机构投资者的迅速发展始于五十年代。1950 年，机构投资者所持的股票市值仅占美国股市的 6%，而到了 2005 年底，这一比重上升到 61.2%[①]。由于持股量大，机构投资者的交易活动能对股市产生显著的影响。与个人投资者相比，机构投资者具有三个主要优势：1）能以较低的成本将资金投资到多个不同的领域以分散风险；2）能够通过大量控股以影响公司的经营活动。例如，通过更换公司管理层以改善公司的经营管理水平；3）拥有更多的股票研究分析资源。获取股票信息更快、更全面。

证券交易商（Brokerage Firm）是指代理客户或为自己买卖股票或其他证券的公司或个人。很多证券交易商同时从事经纪业务和自营业务。**经纪业务（Broker）**就是代客户买卖证券以赚取佣金收入的业务。**自营业务（Dealer）**是指用公司自己的账户进行交易以赚取买入价和卖出价之间的差额的业务。不少证券交易商设有股票研究部门，为客户提供股票研究报告以及投资建议。证券交易商受 SEC、FINRA 以及其营业所在地的州政府监管。个人投资者买卖股票一般要通过证券交易商进行。选择好的证券交易商有利于增加投资收益和减少风险。我们将在第四章介绍如何选择证券交易商。

投资银行（Investment Bank）是从事募集资金、证券交易和协助公司收购兼并等业务的金融机构。当公司或政府需要募集资金时，可以通过投资银行发行股票或债券。一般几家投资银行组成一个承销集团，将要发行的股票或债券买下后以更高的价格向投资者出售以从中赚取差价。投资银行的另一项重要业务是买卖股票、债券、金融衍生工具、货币和黄金等投资产品。不少投资银行同时也是证券交易商。此外，投资银行还在公司收购兼并、资产分拆和资产买卖等活动中充当顾问角色。目前最大的两家独立的投资银行是 Goldman Sachs 和 Morgan Stanley。

---

① 数据来源：The Conference Board Governance Center。

3. 为什么投资美国股市

历次金融危机和股市崩溃都导致很多投资者财富大幅缩水并引发公众对股票投资的疑虑。但是，无论是学术界还是投资者都没有对美国股市的长期前景失去信心。这可以从美国股市两个世纪以来在历次股灾后的强劲反弹中反映出来。那么，是什么使得美国股市对投资者具有如此强大的吸引力呢？我们将主要原因总结如下：

（一）股票是最好的长期投资工具。从1928年到2008年，美国股市的平均年收益率为11.09%，而长期政府债券和黄金的平均年收益率仅分别为5.45%和6.4%。即使在最糟糕的情况下，投资者在股价处于顶峰时买入并在随后的股市大跌中受损，但只要长期持股，其投资收益仍然高于政府债券。图1-2显示如果投资者在二十世纪八次主要的股价历史高点处投资100美元买入股票并持有10年，则所获得的平均投资回报略高于政府债券；持有20年，则所得回报是长期政府债券的两倍；持有30年，则所得回报是长期政府债券的四倍。在现实中，投资者收益低于市场甚至亏损的两个重要原因是：1）受股市短期波动的影响而频繁交易股票；2）投资组合不恰当。指数投资和美元成本平均策略能有效避免这两种错误。我们将在第八章进一步介绍。

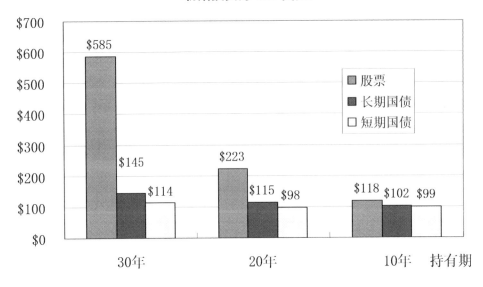

图1-2 在20世纪八次主要的股市顶部买入股票和国债所获得的平均真实收益
（初始投资为100美元）

本图反映的是如果投资者在二十世纪八次主要的股市顶部分别投资100美元买入股票、长期国债和短期国债并持有一定年限后所能获得的平均真实收益。这八次股市顶部分别在1901、1906、1915、1929、1937、1946、1968和1973年。真实收益是指全部投资收益减去通货膨胀后所得的收益。数据来源：Stocks for the Long Run (4th Edition), Jeremy Siegel, McGraw-Hill, 2008。

第一章 美国股市概述

（二）美国是世界上投资者保护制度最完善的国家。操纵股价、大股东侵权、内幕交易和财务造假等损害中小投资者利益的现象在新兴市场国家普遍存在。而美国由于法制健全、执法得力，这类现象相对少得多。当然，美国也发生过诸如麦道夫诈骗、Enron 和 WorldCom 财务造假等损害投资者利益的事件，但总的来说这类事件的涉案金额占整个美国股市市值的比重很小。 而且，当券商倒闭时，投资者还可以从 SIPC 获得一定程度的损失补偿。由于美国法律注重保护弱势群体，投资者在对大公司的诉讼中较容易获得赔偿。而在很多其它国家，受损害的中小投资者往往由于法规不健全、申诉过程复杂、费用高等原因难以获得合理补偿。我们将在第三章第 8 节介绍如何识别和避免欺诈以及利用美国法律保护自身合法权益。

（三）美国股市提供的投资产品丰富多样，可供选择的范围十分广阔。在美国上市的公司超过 5,000 家[①]，各类基金产品超过 1 万 6 千只[②]。投资者完全可以通过美国股市投资于绝大多数行业和世界各主要国家和地区。特别是近年来各类新型 ETF 产品的大量推出，为投资者提供了近乎无限的想象和发挥空间，使个人投资者也可以像专业投资机构那样方便地进行风险对冲和使用各类投资策略。我们将在第三章介绍美国股市提供的各类投资产品并在第八章介绍一些主要的投资策略。

（四）美国股市是优化投资组合所必不可少的部分。美国股市总市值约占世界股市总市值的三分之一[③]，是最重要的投资领域之一。而且，与其它国家股市相比，美国股市的上市公司总体实力更强。大量优秀的世界级大公司股票在美国上市交易。不少公司在其所在的行业中具有举足轻重的地位，业务覆盖全球主要经济体。如果投资组合中缺乏这些业绩优良、抗风险能力强的公司，则难以达到最佳的收益-风险组合。

（五）美国股市具有良好的流动性[④]。房地产、企业和收藏品的买卖往往需要经过寻找买主或卖主、估价、鉴定和一系列法律程序，耗时较长、占用资金较多而且佣金等交易费用较高。相比之下，股票的买卖可以通过互联网在几秒之内完成，投资金额可自由决定，所产生的交易费用只是买卖价差和少量的佣金。由于美国股市交易活跃，买卖价差造成的损失较小。

（六）美国的金融服务业相当发达，能够为投资者提供资金转移、借贷、资产管理、信息咨询、抵押担保等全方位金融服务。而且由于竞争激烈，投资者得以较低的

[①] 根据 World Federation of Exchanges 的统计，截止 2011 年 1 月 31 日，在美国两大股票交易所挂牌上市的公司总数达 5,087 家。
[②] 数据来源：2009 Investment Company Factbook。
[③] 根据 World Federation of Exchanges 的统计，截止 2011 年 1 月 31 日，在美国 NYSE 和 NASDAQ 挂牌上市的公司总市值达 18 万亿美元，占全球 52 个主要交易所上市公司总市值的 31%。
[④] 流动性（Liquidity）是衡量股票以当前价格进行交易的难易程度。流动性高的股票能够被迅速、大量地买进或卖出而不对其市场价格产生显著的影响；低流动性的股票由于交易参与者少，当持有人需要卖出股票时，往往需要降低价格或较长的时间来寻找买家。一般来说，交易量越大，股票流动性越高。

费用享受优质的服务。另外，美国互联网业和投资咨询业的发达使得投资者可以通过互联网免费获得大量关于美国股市和经济状况的信息。我们将在第四章介绍如何获得这些投资信息和选择券商。

（七）美国税法规定符合一定条件的外国投资者无需缴纳资本利得税并适用较低的股息收入税率；而且某些退休金账户的股票投资收益无须缴税。我们将在第三章介绍无须缴税的退休金计划和不同国籍身份的投资者在不同情况下适用的税率。

读完上面的介绍，您是否跃跃欲试，想在美国股市上大显身手呢？ 我们将在接下来的章节里逐步向您介绍在美国股市上冲浪所需具备的各项知识和技能。第二章向初入门的投资者介绍股票的基本知识。已经具备投资学知识的读者可直接跳到第三章。

第二章 股票基础知识

本章首先介绍股票的一些基本概念，然后依次介绍股价指数、股票的分类、卖空交易、股票的收益和风险。

1. 基本概念

股票是公司发给出资人的证明其所有权的凭证。公司公开发行的股票有两类：普通股和优先股。绝大部分在股票市场上流通的股票都是普通股。除了特别指明外，本书提到的股票均是指普通股。**普通股（Common Stock）**的持有人按其所持有股份的比例享有以下权利：

➢ 公司决策参与权：参与股东大会，有建议权、表决权和选举权，也可以委托他人代表其行使股东权利。
➢ 利润分配权：从公司利润中获得股息。普通股的股息是不固定的，由公司赢利状况及其股息分配政策决定。
➢ 剩余资产分配权：当发生清算或解散时，公司的资产如果在完全满足债务和优先股的索偿权之后还有剩余，则普通股股东有权支配剩余的资产。

优先股（Preferred Stock）是一种比普通股有优先权但不带投票权的、支付固定股息的股票。具体的优先权和股息率由发行优先股的公司和购买者谈判决定。公司可以发行具有不同优先权的优先股以吸引有不同投资偏好的投资者。常见的优先权有：1）股息优先权。发放股息时，公司必须先保证优先股股东获得股息才能给普通股股东发放股息；2）优先索偿权。当公司被清算或解散时，在偿还完所有债务以后，优先股股东得到其股票票面价值或议定价值的资产，剩余的资产归普通股股东；3）可转换权。可转换优先股（Convertible Preferred Stock）的股东有权按预定的比例将该优先股转换为普通股。可转换优先股由于可转换为普通股，当普通股股价上涨时，其股价也随之上涨。

与债券不同，公司没有义务一定要向优先股股东支付股息。每次优先股股息的发放都需要经过董事会的批准。但由于停发优先股股息会影响公司的信誉，董事会通常会批准优先股股息的发放。

对于一些投资者来说，优先股的好处主要有：1）股息通常高于普通股；2）股息有保障。大多数的优先股有预定的股息率。股息要先发给优先股股东，剩下的才发给普通股股东；3）风险低于普通股。由于优先股有优先索偿权，所以其价格下跌幅度通常小于普通股；4）美国税法规定，公司所持有的其他公司的股票所获得股息的80%

是免税的。所以，与持有公司债券相比，持有优先股既可以获得相对固定的股息，又可以享受税收优惠。这是金融类公司购买优先股的重要原因之一。

一些公司将股票按投票权分为不同的等级（例如 Class A 和 Class B）。将股票分等级的目的在于将投票权保留在特定的投资者手里。每股 Class A 含有的投票权通常多于 Class B。因此，持有 Class A 股票的投资者对公司的决策有更大的影响力。例如，Berkshire Hathaway 将其股票分为 Class A 和 Class B，股票代码分别为 BRK.A 和 BRK.B（也可标为 BRK-A 和 BRK-B）。其中每一股 Class B 股含有的投票权相当于 1/200 股 Class A 股，而含有的其它权力则相当于 1/30 股 Class A 股。每一股 Class A 股可以按持有者的意愿随时转换为 30 股 Class B 股；而 Class B 股则不可转换为 Class A 股。

下面解释一些常见的股市术语。

市盈率（P/E Ratio）等于股价除以每股年度利润，是反映股票价格水平的常用指标。市盈率越高表明投资者愿意为该公司每一美元的利润支付的价格越高。例如，股票 ABC 的市盈率是 10 倍表明投资者愿意以 10 美元的价格获得该股票未来每年 1 美元的利润（假设未来利润保持不变）。如果股票 XYZ 的市盈率是 20 倍，则可以说股票 XYZ 比股票 ABC 贵。用于计算市盈率的每股利润既可以是过去一年的每股利润，也可以是分析师对未来一年每股利润的预测值。由于市盈率并不考虑未来利润可能发生的变化，所以它只能粗略地反映股票价格水平。使用市盈率有一些限制条件：当每股利润非常接近零、等于零或为负值的时候，比较股票的市盈率无意义。

股息（Dividend）是由发行股票的公司向股东支付的投资回报。股息的支付主要有两种形式：1）现金股息（Cash Dividend），即以现金形式发放的股息；2）股票股息（Stock Dividend），即以送新股的形式发放的股息。例如，5%的股票股息是指每持有 100 股可获得 5 股新股。

美国的公司一般每个季度发放一次股息。与股息发放相关的四个重要日子分别是：1）**公布日（Declaration Date）**是指董事会公布股息信息（包括股息的金额、登记日以及发放日）的日子；2）**除息日（Ex-Dividend Date）**是指失去获得当期股息权力的第一天，即必须在除息日前一天买入该股票才可获得该期股息，而在除息日或其后买入该股票的人不能获得该期股息。除息日一般在登记日前两个交易日。这是因为股票在交易完成后两天才交割。交割结束，购买者才正式拥有股票；3）**登记日（Record Date）**是指公司向股东发放股息的日子；4）**支付日（Payment Date）**是指公司预计股息支付过程结束的日子。

已发行股票（Issued Stock）是公司已经卖出或转让给股东的股票。比方说，一家公司被批准发行一千万股股票，实际上发行了八百万股。这八百万股股票就是已发行股票，剩下的两百万股称为未发行股票。

流通股（Outstanding Stock）是公司已发行并仍在市场上流通的股票。公司有时会买回已发行的股票以减少上市流通的股票数量。这些被公司买回的股票称为**库存股票（Treasury Stock）**。公司可以将库存股票再次卖出或经过股东同意后撤销这些股票。

蓝筹股（Blue Chip Stock）是指知名度较高、有较稳定的利润收入而且财务稳健的公司发行的股票。"蓝筹"这一概念源自赌博中使用的蓝色筹码。蓝色筹码的币值是所有筹码中最高的。蓝筹股由于较受投资者青睐而价格较高，因此得名。一般来说，蓝筹股的抗跌性强于其它股票。表 2-1 列出 Morningstar 选出的蓝筹股中市值最大的十只。这十只蓝筹股过去一年的平均投资回报为-20.9%，跌幅小于同期 S&P500 指数 34.28%的跌幅。

表 2-1：市值最大的十只蓝筹股

公司简称	代码	股价	市值（亿美元）	1年投资回报率	3年投资回报率	市盈率平均值（5年）	股息率（12个月）	每股利润增长率（3年）	财务健康等级	盈利能力等级	所属行业
ExxonMobil	XOM	70.8	3,499	-19.2	5.5	11.3	2.3	15.0	A	A	能源
Microsoft	MSFT	19.42	1,728	-32.2	-4.9	21.4	2.5	18.6	A	A	软件
Johnson & Johnson	JNJ	54.98	1,521	-15.3	0.5	17.8	3.4	10.9	A	A	医疗
Chevron	CVX	70.38	1,411	-25.4	7.6	8.7	3.7	21.3	B	B	能源
IBM	IBM	101.5	1,341	-17.1	8.8	15.5	2.0	22.1	A	A	硬件
Coca-Cola	KO	42.92	994	-21.3	2.5	21.0	3.6	6.9	A	B	消费品
Telefonica, S.A.	TEF	59.89	953	-26.5	12.3	15.3	5.9	43.2	B	A	电信
Hewlett-Packard	HPQ	34.68	831	-28.7	1.7	20.4	0.9	58.3	B	B	硬件
PepsiCo	PEP	49.75	775	-24.2	-3.3	20.9	3.4	10.3	A	A	消费品
Abbott Laboratories	ABT	44.93	694	-9.7	4.6	25.4	3.3	11.9	A	B	医疗
10大蓝筹股平均值			1,375	-20.9	4.9	15.0	3.1	21.3			

本表列出由 Morningstar 选出的蓝筹股中市值最大的十只股票。股价和市值是 2009 年 5 月 8 日的收盘价和总市值。投资回报率为过去一段时期内股票的总投资收益率，包括股息和股价损益。3 年投资回报率为过去 3 年中平均每年的投资回报率。股息率为过去 12 个月累计股息除以当前股价。财务健康等级和盈利能力等级由 Morningstar 评出。A 为最高等级，B 次之，以下类推。

蓝筹股的另一个特点是股息较高（或股息占利润的比重较高）。这是因为蓝筹股公司的市场相对成熟，无须将大部分利润用于再投资。虽然蓝筹股风险相对较低，但投资者不应认为投资于蓝筹股就可以高枕无忧。由于经营不善或产业结构变迁等各种原因而由蓝筹股变为堕落天使[①]的股票并不罕见。Citigroup、Lucent、Kodak 和 Enron 等曾经在股市上有良好声望的公司股票的大幅下跌就是很好的例子。而且，当股市下跌时，蓝筹股股价也往往随之下跌。

[①] 堕落天使（Fallen Angel）是指价格大幅下跌的股票或信用等级由投资级别下降到垃圾债券级别的债券。

概念股（**Concept Stock**）是指预期投资收益非常高、股价无法用传统的价值指标来衡量的股票。在九十年代末网络泡沫盛行的时期，就出现了不少市盈率成百上千倍的高科技股。概念股主要集中在互联网、生物技术、太阳能等高科技领域。但在不同的时期，概念股集中的行业也不同。这些股票之所以能以较高的价格出售主要是由于投资者认为这些股票未来的利润增长率非常高，传统的指标无法反映其真实价值。有研究表明，概念股的长期市场表现差于其它股票[①]。

便士股（**Penny Stock**）通常指价格低于一美元的股票。投资便士股的风险非常高。一些投资者被便士股低廉的价格吸引，希望能从中找到价格翻倍的股票。虽然价格大幅上涨的便士股不少，但这些股票变得一文不值的可能性也很高。所以，平均来说，便士股的收益并不比其它股票更高。不少投资专家建议投资者避开便士股。

2. 股价指数

股价指数是用以衡量和反映整个股票市场或某个类别的股票价格变动情况的指标。例如，如果某天标准普尔 500 指数上涨 2.5%，则表明当天美国股市平均上涨了大约 2.5%。在金融市场高度发达的美国，编制股价指数的机构不少，股价指数的种类和数量也非常庞大。最受市场人士关注的股价指数是道琼斯工业平均指数、纳斯达克综合指数和标准普尔 500 指数。

构建股价指数的步骤包括采样、加权以及计算。采样就是选择构成股价指数的股票。所选股票，又称成份股，应该是能代表该类股票的平均市场表现的股票。加权就是决定各成份股在股价指数中的比重。传统的股价指数加权法有三种：1）价格加权法。价格越高的股票，其价格变动对指数的影响越大；2）市值加权法。市值越大的股票，其价格变动对指数的影响越大。这是目前最广泛采用的加权法；3）平等加权法。每只股票的价格变动对指数的影响相同。近年还出现了一种新的加权法：基本面加权法，即股息、账面价值或营业收入等所占的比重越高，其股价变动对指数的影响越大。基本面加权法的倡导者认为市值加权法可能导致股价被高估的股票对指数的影响较大。而根据股息所占的比重进行加权，则可避免这一弊端，从而获得高于市值加权指数的投资回报。

市场人士一般关注三大股价指数：道琼斯工业平均指数、标准普尔 500 指数和纳斯达克综合指数。下面介绍一些主要的股价指数：

道琼斯工业平均指数（**Dow Jones Industrial Average**），缩写为 DJIA，是包含 30 只大型、知名度较高并在行业中居领先地位的公司股票的、以股票价格加权的股价指数。对于这一指数的批评主要是它所包含的样本太小，只有 30 只股票，而且这些

---

① The History and Performance of Concept Stocks, Jim Hsieh and Ralph A. Walkling, 2002.

股票基本上是大型蓝筹股，没法反映整个市场的变动。另一个缺点是由于该指数是用价格加权平均的方法构建，而每股价格的高低是一个随机因素。当其中一只成份股发生股票分割时，这只股票在指数中的权重也随着其价格的下降而下降。而这种权重的变化与股票基本面无关。

标准普尔500指数（Standard & Poor's 500），缩写为S&P500，是包含500只大型上市公司股票的、以市值加权的股价指数。由于这一指数所包括的成份股比道琼斯指数多，一般认为比后者更能反映整个股票市场的变动。人们通常将整个股市称为**大盘**，而通常所说的美国股市大盘走势往往是指标准普尔500指数的走势。

纳斯达克综合指数（NASDAQ Composite Index）是包含所有在纳斯达克市场上市的股票的、以市值加权的股价指数。由于在纳斯达克上市的公司主要是科技股和成长股，它通常被用来衡量这两类股票的市场表现。

纽约股票交易所综合指数（NYSE Composite Index）是包含在纽约股票交易所上市的全部股票的、以市值加权的股价指数。

罗素3000指数（Russell 3000）是包含在美国上市的总流通市值最大的3,000家公司股票的、以市值加权的股价指数。这3,000只股票中前1,000只最大的股票组成罗素1,000指数；其余的2,000只股票则组成罗素2000指数。

威尔夏5000指数（Wilshire 5000 Total Market Index）是包含几乎所有在美国上市的股票的、以市值加权的股票价格指数。该指数目前包含6,300多只股票。

除了上面提到的股价指数外，指数编制机构（例如Dow Jones & Company、Standard & Poor's 和 Russell Investments 等公司）还提供反映不同类别的股票价格变动情况的股价指数[①]。例如不同行业、股票市值和投资风格的股价指数。

当股价指数持续上涨，人们习惯上称此时的股市为**牛市**（Bull）；而当股价指数持续下跌，人们称此时的股市是**熊市**（Bear）。关于得名的原因，有一种说法是牛角是由下往上抽的，而熊是从上往下扑的。同样地，牛和熊的概念也可用于形容单只股票价格的涨跌。

3. 股票分类

股票可以按照不同的标准进行分类。按市值大小可以分为大型股、中型股和小型股；按股价与股票基本面指标的比率可以分为成长股和价值股；按股价与经济周期的相对变动情况可以分为周期型股票和防御型股票。

---

① 读者可以登录道琼斯公司的网页了解该公司提供的全部股价指数。网址是：http://www.djindexes.com/totalstockmarket/

大型股、中型股和小型股

按照市场价值大小将股票分为大型股、中型股和小型股是一种常见的做法。S&P、Russell、Morningstar 和 Vanguard 等机构都是用该分类法。例如，S&P 500、S&P Mid Cap 400 和 S&P Small Cap 600 分别反映大型股、中型股和小型股的股价变动情况。

股票的总市值等于股票的每股价格乘以股票总数。美国的上市公司发行的股票，大部分是可以在市场上自由流通的股票，另外还有一些由其它机构、家族或个人持有的不上市流通的股票。一家公司所发行的股票中不流通的部分越大，公众所能买到的股票数额越小，其股票的流动性越差。为了更好地反映股票的流动性，一些机构按照股票的流通市值对股票进行排列或分类。流通市值的计算方法通常是用总市值乘以流通股占全部股数的比例。表 2-2 列出了一种常见的按市值大小对股票进行分类的方法和各个类别股票的基本特性。值得一提的是，各个类别的市值范围只是一个大致的估计。随着时间推移，受通货膨胀和公司并购等因素影响，各类别的界限也会发生变化。例如，30 亿美元市值的公司在 60 年代是大型股，但在今天则只能归为中型股。另外，不同的机构对股票的分类方法也不尽相同。Russell Investments 的分类法是将 3,000 家在美国上市的股票按流通市值大小由大到小进行排列，排在前 1,000 位的股票归为大型股，而排在后 2,000 位的股票归为小型股。

表 2-2：股票按市值分类法和各个类别的基本特性

类别	市值范围	基本特性
大型股	＞ 100 亿美元	➢ 不少是历史悠久的大公司。 ➢ 营业收入和利润较稳定，业务多元化。 ➢ 研究大型股的分析师较多，财务透明度高。 ➢ 风险低于其它类别，股价较稳定，抗跌性较强。
中型股	20 – 100 亿美元	➢ 风险高于大型股而低于小型股。 ➢ 财务透明度低于大型股。 ➢ 经济处于上升阶段时，收益可能高于大型股。
小型股	2 - 20 亿美元	➢ 经营业务较单一。 ➢ 风险高于前两类股票。 ➢ 股票流动性差于前两类股票。 ➢ 研究小型股的分析师较少，财务透明度低于前两类股票。 ➢ 在经济处于恢复和上升阶段时，股价表现通常好于前两类股票；而经济衰退时跌幅大于前两类股票。
微型股	＜ 2 亿美元	➢ 风险最高。 ➢ 股票流动性最差。 ➢ 公司财务透明度最低。

成长股和价值股

　　成长股（Growth Stock）是指预期收益率（包括股价上涨和股息收益）高于整体股市平均水平的股票。由于价格有可能快速上涨，不少成长股受到投资者的追捧，所以又称为**明星股（Glamour Stock）**。成长股主要集中于高科技行业，例如电子通信、电脑芯片、互联网和生物制药等行业。这些高成长型公司为了维持其在技术和市场上的领先地位，往往需要将大部分利润再投资于研究和开发（R&D）活动以推动产品和技术的更新换代以及扩大生产规模，所以成长股往往股息较低或无股息。

　　成长股的市盈率一般较高。这是因为投资者对这些股票的未来利润增长率期望较高。例如，股票 ABC 的当前每股年利润是 0.5 美元。如果股市的平均市盈率是 20 倍，则 ABC 的合理价位大概是每股 10 美元（= 0.5 美元×20 倍）。但是，市场预期该公司一年后每股利润可翻倍，达到 1 美元，则按照新的每股利润计算，该股票的合理价位应当是 20 美元（= 1 美元×20 倍）。所以，投资者愿意支付高于 10 美元的价格购买该股，从而使其市盈率高于股市平均水平。但是，如果公司的实际经营业绩低于市场期望，投资者可能会认为该公司将无法达到预期的投资收益率而抛售该股票，导致股价大幅下跌。所以，投资成长股的风险较高。

　　值得注意的是，成长型公司的股票和成长股是两个不同的概念。成长型公司是指利润或营业收入增长率高于行业平均水平的公司。而成长股是预期股票投资回报率高于市场平均水平的股票。成长型公司的股票不一定是成长股。例如，一家通过收购其它公司快速成长起来的公司，其股价可能会由于频繁的并购活动而持续下滑[①]。反之，成长股不一定是成长型公司的股票。例如，一些经营不善但有可能成为被收购兼并对象的公司，由于市场预期将有买家愿意溢价收购而股价大幅上涨，因此也属成长股范畴。

　　价值股（Value Stock）是指股价与公司的利润、销售额或股息等基本面指标相比较低的股票。市盈率（即股价与利润之比）是最常用的辨别价值股的指标。如果一只股票的市盈率是 5，而标准普尔 500 指数成份股的平均市盈率是 15；则该股票的市盈率大大低于股市的平均水平，可以归为价值股。价值股的实质就是市场价格低于其内在价值[②]的股票。与成长股相比，价值股由于较少受到投资者的关注而价格较低。

　　一个较简单的区分成长股和价值股的方法是使用 Google 的股票筛选器（网址列在本书第四章第 4 节），点击股票列表标题行的"P/E ratio"将股票按市盈率由高到低排列。所有股票中市盈率最高的前三分之一可归为成长股；而排在最后三分之一的股票可归为价值股。

---

① 我们将在第七章 5 节讨论公司的合并收购活动对其股价的影响。
② 股票的内在价值就是指根据其未来收益计算而得的股票价值。我们将在第五章介绍。

除了市盈率外,投资者还可以用股价-现金流(Price-to-Cash-Flow)、股价-账面价值(Price-to-Book)和股价-销售收入(Price-to-Sale)等比率来区分价值股和成长股。与市盈率一样,这些指标都是用股价除以一个反映股票价值的指标。例如,股价-账面价值比率反映的是投资者愿意为该股票每一美元的账面价值支付的价钱。

不少投资机构将股票市值和价格水平两个指标相结合对股票进行分类。图2-1反映的就是如何按这两个指标将股票划分为九个类别。首先,将股市中的全部股票按总市值分为三等份:总市值最高的三分之一归为大型股,中间三分之一归为中型股,剩下的归为小型股。然后,按照市盈率将股市中的全部股票分为三等份:市盈率最高的三分之一归为成长股,市盈率最低的三分之一归为价值股,剩余的股票归为平衡股。最后,将上述两种分类的结果合在一起。既是大型股又是价值股的股票称为大型价值股,既是大型股又是成长股的股票称为大型成长股。依此类推可以将股票分为九个类别。在实践中,各个机构的具体操作方法不同,但是基本理念大致如此。

图 2-1. 按照总市值和股价水平对股票进行分类

	价值股	平衡股	成长股
大型股	大型价值股	大型平衡股	大型成长股
中型股	中型价值股	中型平衡股	中型成长股
小型股	小型价值股	小型平衡股	小型成长股

周期型股票和防御型股票

股票的投资收益受经济周期影响。经济发展前景好(差)的时候,股市往往上涨(下跌)。但经济周期对不同股票的影响并不一致。经济繁荣时,企业需要进行技术升级和购买仪器设备以扩大生产;居民有更多的收入用于购买奢侈品、新汽车和更大的房子;建筑商需要更多更好的设备以建造更多的民用和商用建筑。所以奢侈品、高档娱乐场所、汽车、房地产、建筑、旅游、设备制造商和高科技公司的利润和股价快速上涨;而当经济衰退时,人们大量减少非必须的消费以节约开支,企业也由于需求下降而减少对仪器设备的购买,从而使得这些行业的利润和股价下跌。一般把股价受经济周期影响较大的股票称为**周期型股票(Cyclical Stock)**。

与之形成对比的是，为居民提供生活日常用品和服务的行业受经济周期的影响较小。例如，人们不会因为收入的增加而消费更多的廉价食品或更多地上医院；收入减少时，人们宁可减少其它方面的支出也要保证食物和取暖方面的支出。这些行业包括公用事业（例如水电气）、生活必需品（例如食品和饮料）、烟草和医疗保健行业。一般把股价受经济周期影响较小的股票称为**非周期型股票**（**Non-cyclical Stock**）。由于这些股票在经济衰退时股价抗跌性较强，所以又称**防御型股票**（**Defensive Stock**）。当然，即使在同一行业，各公司提供的产品和服务也有所不同，不应一概而论。例如，经济衰退时，人们可能会减少在高档餐馆的消费而增加到廉价餐馆的次数或是减少高档食品和时装的消费而增加廉价食品和衣服的消费。所以，同是饮食行业，高档餐馆的股票属于周期性股票而快餐馆的股票属于非周期型股票。表 2-3 分别列出周期型和非周期型股票的一些代表性行业及公司。

表 2-3：周期型和非周期型股票的代表性行业及公司

股票类别	行业	公司
周期型股票	大宗消费品 能源 机械制造 建筑 基础材料 高科技 旅游 金融	Ford (F) Exxon Mobile (XOM) Caterpillar (CAT) D.R. Horton (DHI) Alcoa (AA) Intel (INTC) Apple (APPL) Xerox (XRX) Delta Air Lines (DAL) Goldman Sachs (GS)
防御型股票	公用事业 医疗 日用品	Duke Energy (DUK) Dominion Resources (D) Universal Health (UHS) Health Management (HMA) Kraft Foods (KFT) Coca Cola (KO) Colgate-Palmolive (CL) McDonald's (MCD)

4. 卖空交易

卖空交易（Short Selling）是指向第三方借入股票并卖掉的交易行为。大多数情况下，投资者买入股票并希望从股价上涨中获利，操作顺序是先低买然后高卖。而卖空交易的目的是从股价下跌中获利，操作顺序是先高卖然后低买。由于卖空的股票是借来的，卖空方最终要买入相同数量的同一只股票交还股票出借方。这种行为称为平仓（Cover）。当客户向券商发出卖空某只股票的指令时，券商将其他客户寄存的该股票卖出。由于券商为很多客户寄存股票，所以如果股票的所有者要求卖出出借的股票，券商可以卖出其它客户的股票而无须要求卖空方交还股票。但是，当券商无法再借到股票时，会要求卖空方交还股票。

举个简单的例子：假设股票 XYZ 的当前价格是 60 美元。投资者 Adam 向券商发出指令以市场价卖空 100 股 XYZ。交易执行后，Adam 的账户上将增加 6,000 美元（= 60×100）现金。如果 XYZ 的股价下跌到 50 美元，Adam 买回 100 股 XYZ 还给券商，则其账户将减少 5,000（= 50×100）美元现金。Adam 的利润等于卖出价减去买入价，即 1,000（= 6,000 − 5,000）美元。但是如果 XYZ 的股价上升到 90 美元时，券商要求 Adam 交还股票，则 Adam 要花 9,000（= 90×100）美元买回股票 XYZ。这种情况下，Adam 的损失是 3,000（= 9,000 − 6,000）美元。

卖空交易的知识要点总结如下：

➢ 卖空交易的损失可能高于初始投资额。从数字角度来说，股价下跌不低于零而向上可以无限增长。所以，在正常的买入-卖出交易中，损失是有限的（不超过其投资额），而收益可以是无限的。但是在卖空-买入交易中，投资者的损失可能是无限的，而收益是有限的（不超过卖空金额）。因此，投资者在卖空股票之前应慎重衡量风险。新手不可贸然从事卖空交易。

➢ 券商有权在任何时候要求卖空方交还股票。当股票所有者要卖出股票而券商找不到可供出售的股票，或卖空的股票价值上涨到投资者资本金的一定比例时，券商有权要求投资者立即交还股票，否则由券商强行平仓。所以，投资者可能被迫在价格上涨时平仓而发生损失。

➢ 对于有盈利能力的公司，其股价的长期平均趋势是上升的。多空相争持续的时间越长，对卖空方越不利。

➢ 避免卖空小盘股或流通量小的股票以防空头轧平风险。所谓**空头轧平**（**Short Squeeze**），是指由于股票供不应求，卖空者不得不以较高的价格买回股票而发生亏损。当大投资者发现某只股票存在大量卖空时，可能会大量买入并囤积该股票，造成该股票供应减少，从而推高股价使卖空者亏损。当卖空方无法继续承受亏损而不得不高价买入股票平仓时，这种买压会进一步推高股价，造成卖空方的更大损失。

- 当卖空的股票派发股息时，券商从卖空方账户中扣除被卖空的股票所应得的股息并存入股票出借方的账户中。
- 卖空股票的佣金与卖出股票的佣金相同。有些券商向客户收取股票出借费（当前年率大约为 7%）。

5. 收益与风险

投资的主要目的是资金的保值和增值。而衡量资金保值和增值效果的最主要指标是投资回报率。**投资回报率（Rate of Return）**，又称收益率，反映的是在一段特定时期（例如一年或一个月）里产生的投资收益占投资额的百分比。对于派发股息的股票，投资收益除了股价上涨产生的资本增值外，还包括股息收入。所以，投资回报率的计算公式如下：

$$R = \frac{P_1 - P_0 + D_1}{P_0} \qquad (1)$$

公式中的 R 表示股票投资回报率；P_1 表示期末的股价；P_0 表示期初的股价；D_1 表示股票在该时期内派发的股息。公式（1）衡量的是一个时期里的投资回报。如果要了解若干个时期里股票的投资回报，则要考察平均投资回报率。平均回报率有两种计算方法：算术平均法和几何平均法。最常用的是算术平均法，其计算公式如下：

$$\bar{R} = \frac{R_1 + R_2 + ... + R_n}{n} \qquad (2)$$

公式中的 $\bar{R}$ 表示 n 个时期的平均回报率；R_1、R_2 ……R_n 分别表示每个时期的投资回报率。假设我们知道一只基金过去 3 年的年投资回报率分别是 20%、-10% 和 15%。那么，采用算术平均法，该基金过去 3 年的年平均回报率为：

$$\bar{R} = \frac{0.2 - 0.1 + 0.15}{3} = 0.083 = 8.3\%$$

投资决策不能一味追求高收益，而应综合权衡收益和风险。投资的风险主要指资产市场价格的变动。我们从以下两个方面来说明风险意识的重要性：

- 资本金亏损后要更高的收益率才能恢复原有水平。例如，如果投资亏损 50%，则剩下的资本要增长一倍才能恢复原来水平；
- 亏损能迅速吞噬以前的收益。假设投资者前三年每年收益率达 30%，但第四年只要亏损 54.5%，则四年总收益为 0（=(1.3×1.3×1.3×0.455)-1）。

标准方差（Standard Deviation）是常用的反映风险水平的指标。它衡量的是每个时期回报率与平均回报率之差的变动情况。计算公式如下：

$$\hat{\sigma} = \sqrt{\frac{1}{T-1}\sum_{t=1}^{T}(R_t - \overline{R})^2} \qquad (3)$$

公式中的 $\hat{\sigma}$ 表示 n 个时期投资回报率的标准方差；T 是时期的数目；R_t 是某个时期的投资回报率；$\overline{R}$ 是 n 个时期的平均投资回报率；$\sum_{t=1}^{T}(R_t-\overline{R})^2$ 表示将每个时期投资回报率与平均回报率之差的平方相加。我们在上一例子中已经计算出基金在过去 3 年的平均回报率是 8.3%。将其它数值代入即可计算出标准方差：

$$\hat{\sigma} = \sqrt{\frac{1}{3-1}[(0.2-0.083)^2 + (-0.1-0.083)^2 + (0.15-0.083)^2]} = 0.161 = 16.1\%$$

平均回报率和标准方差一般会在研究报告和基金说明书中列出。因此，大多数投资者无须自行计算。只要知道标准方差越大风险越大即可。另外，读者可以用 Microsoft 的 Excel 软件很快地计算出上面投资收益平均值和标准方差。上例中，在空格中输入 "=AVERAGE(0.2,-0.1,0.15)" 可得到平均年回报率；输入 "=STDEV(0.2,-0.1,0.15)" 可得到回报率的标准方差。

通常情况下，收益与风险成正比。风险越高的股票，投资者要求的预期回报率越高。将股票的预期回报率减去无风险回报率[①]剩下的部分就是投资者承担风险所获得的回报，通常称作**额外收益（Excess Return）**或**风险酬金（Risk Premium）**。**夏普比率（Sharp Ratio）**是衡量每单位风险所产生的额外收益的指标，又称风险调整后的回报率。其计算公式如下：

$$S = \frac{R_i - R_f}{\sigma_i} \qquad (4)$$

其中 S 是夏普比率；R_i 是股票 i 的回报率；R_f 是无风险回报率。公式中的分子项 ($R_i - R_f$) 就是前面提到的额外收益；分母项 σ_i 是股票 i 回报率的标准方差，反映的是股票 i 的风险。比较股票时，夏普比率越高，越值得投资。表 2-4 列出两只股票 A 和 B 的平均回报率、风险和夏普比率。假设无风险回报率为 2%。虽然 B 的投资回报率高于 A（17% > 12%），但其风险明显高于 A（30% > 5%）。如果综合考虑风险与收益（即夏普比率），则股票 A 更具吸引力，因为 A 对每单位风险的额外回报率是 2%，而 B 对每单位风险的额外回报率仅为 0.5%。

[①] **无风险回报率**是指投资于没有违约风险的资产（通常是指美国联邦政府发行的债券）所能获得的回报率。

表 2-4 两只股票的风险和收益比较

	平均回报率	标准方差	夏普比率
股票 A	12%	5%	2
股票 B	17%	30%	0.5

除了平均回报率和标准方差外，另一对常见的衡量股票收益和风险的指标是阿尔法（α）和贝塔（β）。**阿尔法（α）反映的是风险调整后的积极投资收益**[①]。α 经常用于衡量基金的表现。α 大于 0 表明该基金的投资收益高于相应的股票指数收益；α 小于 0 则表明该基金的收益低于股票指数收益。例如，一只以跑赢标准普尔 500 指数为目标的指数基金的 α 值等于 2，则表明风险调整后，该基金的回报率高于标准普尔 500 指数 2 个百分点。

与单纯的投资回报率相比，α 考虑了基金承受的风险因素。一只从事高风险投资的基金可以产生很高的投资回报率。但是其高风险意味着其发生亏损的可能性也大。所以，单纯地将基金的回报率与股市指数的回报率相比是不全面的。如果一只基金的回报率高于同期股市指数的回报率，但其 α 小于 0，则表明其高回报是由于冒更大的风险产生的。调整了风险因素后，该基金的表现实际上比同期股市指数差。

贝塔（β）反映的是一只股票（或股票组合）与整个股市相比的风险。我们可以将 β 理解为该股票回报率的变动与整体股市回报率的变动之间的关系。从 β 的取值大小可以了解一只股票与整体股市相比的风险大小：

➢ β＞1：该股票的风险高于整体股市的风险。

➢ 0＜β＜1：该股票的风险低于整体股市的风险。

周期型股票的 β 一般大于 1，而防御型股票的 β 一般小于 1。另外，从 β 的符号可以了解一只股票收益的变动方向与整体股市的关系：

➢ Β ＞0：该股票的收益变动方向基本上与整体股市相同。

➢ β＝0：该股票的收益不随整体股市变动。

➢ β ＜0：该股票的收益变动方向基本上与整体股市相反

如果一只股票的 β 等于 2，则表明该股票收益变动的幅度大致是整体股市的 2 倍。当整体股市上涨（下跌）5%，该股票价格大致上涨（下跌）10%（＝5%×2）；如果一只股票的 β 等于-0.5，则表明该股票的收益与整体股市变动方向相反。当整体股市上涨（下跌）10%，该股票价格大致下跌（上涨）5%（＝10%×(-0.5)）。

---

① **积极投资收益**是指投资收益减去用于弥补市场风险的部分后剩下的收益。

计算一只股票或基金的 α 和 β 的方法是将其历史投资回报率与大盘（通常是标准普尔 500 指数）的历史回报率进行线性回归[①]。回归的方程式如下：

$$R_i = \alpha + \beta \cdot R_M \quad (5)$$

其中，R_i 是股票 i 的历史月投资回报率；R_M 是标准普尔 500 指数的历史月回报率。当标准普尔 500 指数上涨 1% 时，一只 α 为 0.8 而 β 为 2 的股票大致上涨 2.8%（= 0.8% +（2×1%））。

基金分析报告中偶尔会出现 R 平方。**R 平方（R-Square）**是反映基金的价值变动中能被其对应的股价指数变动所解释的百分比。R 平方的取值范围从 0 到 100%。R 平方越大，表明该基金的市场表现与其对应的股价指数的变动联系越紧密。例如，一只以标准普尔 500 指数为基准指数的基金，如果其 R 平方为 96，则表明该基金价值变动的 96% 是由标准普尔 500 指数的变动引起的。R 平方在 85 到 100% 之间时表明该基金与基准指数表现一致；而 R 平方低于 70 则表明该基金的表现与基准指数表现不一致。另外，R 平方越大，则贝塔的可信度越高。如果 R 平方低于 50 则贝塔值无效。

[①] 线性回归是一种估计两个变量之间关系的统计方法。投资者可以从 Yahoo Finance 等财经网站查到股票的 α 和 β 值而无需自行计算。

第三章 美国股市主要投资产品

古语有云，宝剑配英雄，名驹配良将。美国股市提供的投资产品五花八门、种类多得让人眼花缭乱。好的投资产品犹如宝剑和良驹，能助投资者在股市中建功立业。而如果选择了不恰当的产品则可能发生大幅亏损。本章依次介绍美国存股证、几种主要的基金产品以及股票期权。

1. 美国存股证

美国存股证（ADR），全称 American Depository Receipt，是由美国的银行发行的在美国股市上交易的外国公司的股票凭证。这里的外国公司指的是在美国以外的国家或地区注册的公司。ADR 的交易和股息发放都以美元结算。由于外国公司的资产和损益要折算成美元，所以 ADR 除了有公司业绩风险外，还有汇率风险。ADR 是一种重要的多元化投资工具，它使投资者能方便地从美国以外的国家经济增长中获利，并降低投资收益受美国经济的影响程度。ADR 按受监管的严格程度可分三级：

- 一级（Level I）：最简单的在美国上市的方式，也是受监管程度最低的 ADR。这类公司无须根据美国会计准则公布季报或年报。但是，公司必须在外国的股票交易所挂牌交易并在网页上用英文发布按公司年度财务报告。其年报的形式遵照公司注册地的法律要求。这类 ADR 只能在柜台市场（OTC）交易。大部分的 ADR 属于这一类。
- 二级（Level II）：上市程序比一级 ADR 复杂，必须在美国 SEC 注册并受 SEC 监管。公司要提交符合美国会计准则要求的年度财务报表 Form 20-F（相当于美国上市公司的 Form 10-K）。与一级 ADR 相比，二级 ADR 的主要优势是可以在美国的股票交易所挂牌上市，前提是要满足交易所的上市要求。
- 三级（Level III）：受监管程度和财务透明度最高的 ADR。除了提交年报 Form 20-F 外，任何向公司所在国股市公布的重要信息都必须以 Form 8K 的形式在美国 SEC 备案。

中国公司在美国发行的 ADR 是在美国投资中国公司的主要途径之一。由于文化上的接近和中国经济的快速增长，以中国 ADR 为主的中国概念股[①]是不少华人投资者关注的热点。此外，台湾、香港和新加坡地区的公司得益于当地完善的市场体制及较

[①] **中国概念股**是指利润主要来源于中国的公司发行的股票。除了中国 ADR 外，一些在中国有大量投资和以中国为主要市场的非中国公司也属于中国概念股范畴。但是，由于这些国际性公司业务遍及全球多个国家和地区，其业绩与中国经济成长的关联度大大低于中国 ADR。

强的经济活力，也受到华人投资者关注。截止 2009 年 5 月 12 日，美国股票市场上大约有 360 家大中华[①]ADR，其中 58 家在纽约股票交易所上市，91 家在纳斯达克上市，其余的主要在柜台市场交易。由于大中华 ADR 公司的主要业务在大中华地区，投资这类股票可以获得近似于大中华地区股市的回报率。

中国 ADR 数量众多，市值最大的 20 只中国 ADR[②]依次是：中国石油天然气（PTR）、中国移动（CHL）、中国石油化工（SNP）、中国人寿保险（LFC）、中国海洋石油（CEO）、中国电信（CHA）、中国联通（CHU）、中国铝业（ACH）、百度网络（BIDU）、兖州煤业（YZC）、华能国际电力（HNP）、联华电子（UMC）、中国石化上海石油化工（SHI）、中国南方航空（ZNH）、中国东方航空（CEA）、网易（NTES）、携程旅行网国际（CTRP）、广深铁路（GSH）、盛大网络（SNDA）、迈瑞医疗国际（MR）。

台湾 ADR 有：台湾积体电路制造股份有限公司（TSM）、联华电子（UMC）、友达光电股份有限公司（AUO）、矽品精密工业股份有限公司（SPIL）、日月光半导体制造股份有限公司（ASX）、中华电信（CHT）、奇景光电（HIMX）、慧荣科技（SIMO）。

香港 ADR 有：城市通讯（CTEL）。

此外，美股 168 的 ADR 频道（www.meigu168.com/adr.htm）提供随时更新的大中华 ADR 列表。投资 ADR 时应注意以下几点：

> 不要仅仅因为亲戚朋友的介绍或与一家公司有一定的联系就贸然买入股票。决定股票价格的因素很多（参阅第五章和第六章）。凭一时冲动而投资是很多投资专家建议避免的行为。

> 一些市值较小的 ADR 存在庄家操纵股价的迹象。普通投资者最好避开这些市值较小的 ADR，也不要因为一些小道消息而将过多资金投入这些股票。这些小道消息真实性难以辨别，其中一些是庄家布下的陷阱。而且很多小道消息在您获悉以前已经有很多人知晓。

> 在 OTC 市场交易的 ADR 素质良莠不齐。其中一些自称在纳斯达克上市以误导投资者。实际上，OTC 与纳斯达克是两个不同的市场。

除了大中华 ADR 外，大中华 ETF 也是投资于大中华地区经济成长的重要途径。大中华 ETF 是指投资收益与大中华地区经济增长密切相关的交易所交易基金。本章第 4 节将进一步介绍。

---

① 本书提到的大中华地区包括中国大陆、台湾、香港和新加坡。
② 数据来源：Bloomberg。截止 2009 年 11 月 25 日。

2. 共同基金

共同基金（Mutual Fund），又称**开放式基金（Open-End Fund）**，是将众多投资者的资金集中起来由专业人士进行投资和管理的机构。截止 2008 年底，在美国注册的共同基金达 8,889 只，控制资产总值达 9.6 万亿美元[①]。与直接持有股票相比，投资于基金的优势主要有：

> 基金持有的股票数量多，可以分散风险。
> 由专业人士管理并且有严格的风险控制机制。
> 基金将大量资金集中管理，大大降低交易和管理成本。

共同基金按其管理方式可以分为指数基金和积极管理型基金。**指数基金（Index Fund）**是指以获得与指定股票指数（又称基准指数）相同收益为目标的基金。基准指数既可以是反映整个股市的指数，例如标准普尔 500 和罗素 3000，也可以是反映某个类别股票价格表现的指数，例如罗素 2000 指数（反映小型股市场表现）和道琼斯美国房地产业股价指数等。一般来说，指数基金持有的是基准指数的成份股。由于基准指数的构成很少变化，指数基金也很少买卖股票，所以管理费和交易费很低。值得一提的是，由于指数基金所持有的资产与基准指数的成份往往不完全一致而且有交易费用负担，所以指数基金的收益并不总是等于基准指数的收益。一般用跟踪误差（Tracking Error）来衡量指数基金收益与基准指数收益的差别。跟踪误差越大，表明基金收益与基准指数收益之差越大。

积极管理型基金（Actively Managed Fund）是通过合理选股以获得高于某个基准指数收益的基金。基准指数可以是各类被市场认可的指数。基金经理使用各种策略[②]以达到跑赢基准指数的目的。与指数基金相比，积极管理型基金由于需要发掘高收益股票并时常交易，其管理费和交易费较高。而且，由于持股时间较短，这类基金产生的短期资本收益较高。而根据美国税法，短期资本收益适用的税率较高。所以，积极管理型基金的税收负担高于指数基金。由于大多数积极管理型基金的投资净收益实际上低于其基准指数的收益，积极管理型基金所占的市场份额逐渐下降。

共同基金还可以按照其它标准进行分类。例如，按所持股票的总市值可以分为大型股基金（主要持有大型股）、中型股基金（主要持有中型股）和小型股基金（主要持有小型股）；按照所持股票的价格水平可以分为价值股基金和成长股基金；还可以将总市值和价格水平两个指标相结合进行分类。其它分类法还有：按所持股票的产业、国别和地区分类。例如，能源类基金、国际基金、新兴市场国家基金等。

对基金分类的理论基础是不同类型的股票风险和收益属性不同，而且在不同时期

---

① 数据来源：2009 Investment Company Fact Book，Investment Company Institute。
② 本书第八章介绍各类主要的投资策略。

表现也不相同。例如，小型股基金风险高于大型股基金，在经济复苏时市场表现往往好于大型股基金，但在经济衰退时跌幅大于大型股基金；医疗保健和公用事业股票基金在经济衰退时期表现好于其它行业的股票基金等。将基金进行分类便于投资者根据自己的偏好和需要选择不同的投资领域。

基金公司向投资者收取一定的费用。但具体收费标准因公司而异。有的公司在投资者购买基金时收购买费，有的在投资者卖出基金时收赎回[①]费，有的在投资者转换基金时收交易费。除了基金收取的费用外，基金投资者还可能要向证券商支付佣金。基金按有无佣金和佣金的收取方式可以分为：**前期佣金（Front-End Load）**是指投资者在买入基金份额时缴纳佣金；**后期佣金（Back-End Load）**是指当投资者卖出基金份额时缴纳佣金；**低佣金（Low Load）**是指如果在指定的期间内卖出基金则在卖出时要付佣金，超过指定期限后卖出则无需付佣金。**无佣金（No-Load）**是指不收佣金。

基金份额的市场需求能对开放式基金的投资业绩产生负面影响。当投资者买入（赎回）基金份额时，基金公司要相应地买入（卖出）股票等资产。如果投资者在股市过热时抢购基金份额并在恐慌时抛售基金份额，则基金经理不得不在高价时买入股票并在低价时卖出。而且，为应付投资者的赎回需求，基金一般要保留一定的现金，所以不能将资金完全用于投资。本章稍后介绍的ETF和封闭式基金则无此问题。

总资产最多的共同基金家族[②]有Fidelity、Vanguard和American Funds等。投资于大中华地区股票的共同基金有：Columbia Greater China Fund (NGCCX)、Matthews China Fund (MCHFX)、Dreyfus Greater China Fund (DPCBX)、ING Greater China Fund (IFCAX)、Guinness Atkinson China & Hong Kong (ICHKX)、AllianceBern Great China '97 A (GCHAX)和US Global Investors China Region Opportunity Fund (USCOX)等。

除了股票外，共同基金还可以投资于债券和货币市场工具等其它投资产品。投资者可以使用Morningstar和Yahoo等网站提供的基金筛选器选择基金（网址在第四章第4节）。除了第二章第5节介绍的风险和收益指标外，选择基金时还可能遇到以下术语：

平均年收益（Average Annual Return）：美国的共同基金按照SEC规定的方法计算在过去1年、5年和10年期间的平均年收益率。计算公式如下：

$$R = (1\text{美元投资的期末价值})^{1/n} - 1$$

其中，n是投资年限；R是持有期间的平均年收益率。假设一名投资者5年前将1美元投资到基金A，现在这1美元增值到了1.76美元，则该基金过去5年的平均年收益率为12%（= $1.76^{1/5} - 1$）。

---

① 投资者卖出基金以换回现金的行为又称**赎回（Redemption）**。
② **基金家族（Fund Family）**是指由一家基金管理公司发行的一系列基金。

净资产值（Net Asset Value）是指基金所持资产的当前市场价值减去负债后所得的净资产除以基金的股份数。大多数的共同基金每日收盘后计算其净资产值。投资者买入或卖出基金的价格大致等于基金的净资产值。

换手率（Turnover）是衡量基金买卖证券频率的指标。其计算方法将基金在一年之中买入证券的价值和卖出证券的价值的平均数除以基金净资产值。换手率越高表明基金买卖证券的频率越高。

费用比率（Expense Ratio）是基金一年的营运费用占其管理资产总值的百分比。这是衡量基金营运成本的重要指标。基金的营运费用包括投资经理及其他员工的酬劳、税收、交易登记、法律和审计开支等。在总收益一定的情况下，费用比率越高，则净收益越低。销售基金份额的佣金不包括在营运费用之中。

3. 封闭式基金

封闭式基金（Closed-End Fund）是一种基金份额固定的投资基金。截止2008年底，在美国注册的封闭式基金达646只，控制资产总值达1,880亿美元[①]。封闭式基金和开放式基金的主要区别有：

> 封闭式基金发行后不再接受新资本，在终止日来临前不接受赎回要求。开放式基金发行后，投资者可以向基金公司购买（赎回）份额，从而使得基金的股本增加（减少）。

> 封闭式基金的份额通常在交易所挂牌交易，买卖基金的交易发生在投资者之间；开放式基金份额的交易是投资者直接和基金公司之间的交易。

> 封闭式基金的份额可以在股市开盘的任何时间交易；开放式基金通常只能在股市收盘后计算出基金净资产值后才交易。

> 封闭式基金的价格受市场供求关系影响，经常与其净资产值相差较大；开放式基金的价格一般等于其净资产值。

封闭式基金的市场价格与其净资产值并不一致。而且经常相差较大。例如 Morgan Stanley Eastern Europe Fund（RNE）的价格在2006年5月高于其净资产值39%，但在同年10月低于其净资产值6%。当价格高于净资产值时，人们称该基金以溢价出售（trade at premium）；当价格低于净资产值时，人们称该基金折价出售（trade at discount）。美国不少封闭式基金的价格比净资产值低5%以上。封闭式基金市场价格低于自身净资产值的现象是金融研究中一个有趣的课题。虽然一般认为以15%以上的

[①] 数据来源：2009 Investment Company Fact Book，Investment Company Institute。

折价买入一只封闭式基金是一笔很划算的投资,但是如果基金价值持续下跌,则投资者将蒙受损失。

基金份额的固定不变是封闭式基金与开放式基金相比的优势之一。当有投资者认购(赎回)基金份额时,开放式基金要买入(卖出)股票。这些交易会产生一定的费用。而且,开放式基金一般要保持一定的现金以应付突然增加的赎回要求。另外,当市场发生非理性恐慌时,投资者的赎回要求可能增加,迫使基金经理卖出有投资价值的股票以获得现金。这些因素都可能损害开放式基金的投资业绩。而封闭式基金份额的买卖发生在投资者之间,基金经理无增加或减少基金份额的费用负担,可以将更多的现金用于投资,还可以在发生非理性恐慌时买入价值被低估的股票。

由于封闭式基金在股票交易所挂牌交易,基金要公布和提交财务报告并召开股东年度大会。投资者可以籍此了解基金的情况和影响其管理决策。主要的封闭式基金(及股票代码)有:Adams Express Company(ADX)、Tri-Continental Corp.(TY)、Gabelli Equity Trust(GAB)和Alpine Total Dynamic Dividend Fund(AOD)和Morgan Stanley China A-Share Fund(CAF)等。

投资于大中华地区的封闭式基金有:JF China Region Fund(JFC)、The Greater China Fund(GCH)、The China Fund(CHN)和Templeton Dragon Fund(TDF);专门投资于台湾股票的封闭式基金有The Taiwan Fund(TWN)和Taiwan Greater China Fund(TFC);专门投资于新加坡股票的封闭式基金有The Singapore Fund(SGF)。

4. 交易所交易基金

交易所交易基金(ETF),全称Exchange Traded Fund,是一种持有一篮子证券或其它资产、在证券交易所挂牌交易的基金。ETF自1993年问世以来迅速成为股市的宠儿。仅在2003-2008年六年间,ETF资产总值增长超过四倍。截止2008年底,在美国注册的ETF数目已经达到743只,净资产总值达5,310亿美元[①]。表3-1列出主要的ETF系列、发行商以及简介。

与传统投资基金相比,ETF具有以下优点:

- ➢ 成本较低。共同基金的费用比率一般在0.6%到3%之间。而ETF的费用比率大多在0.1%到1%之间。
- ➢ 交易更方便。ETF既可在股市开市时间内买卖,也可在开盘前和收盘后交易。而共同基金的买卖一般仅在股市收盘后进行。而且,ETF可以像股票那样用限价或止损指令买卖、融资购买和卖空等。很多ETF有相应的期权。这些特

---

① 数据来源:2009 Investment Company Fact Book,Investment Company Institute。

表 3-1 主要的 ETF 系列及简介
（按首字母顺序排列）

ETF 系列	发行商及网址	简介
Claymore	Claymore Securities www.claymore.com	提供一些较新颖的 ETF 类别，例如 TAN（全球太阳能）和 CRO（国家轮换策略）
Direxionshares	Direxion www.direxionshares.com	最主要的三倍 ETF 发行商。提供三倍正、反向 ETF。其发行的 FAS、FAZ 和 TZA 等经常排在 ETF 交易量排行榜前列。
iShares	Barclays Global Investors www.ishares.com	规模大，涵盖的种类和范围非常广泛：发行按市值、风格、行业和地区分类的 ETF，还有地产、国际、固定收益、商品和专业化等类别的 ETF。其发行的 EEM 和 IWM 等经常排在 ETF 交易量排行榜前列。
PowerShares	Invesco www.invescopowershares.com	规模大、种类多。发行按市值、风格、行业和地区等分类的 ETF，还有积极策略、资产配置、固定收益、国际、商品、货币和专业化等类别的 ETF。其发行的 QQQQ 常位列 ETF 交易量榜首。
ProShares	Profunds www.proshares.com	最大的杠杆 ETF 和反向 ETF 发行商。发行按市值、风格、行业等分类的 ETF，还有国际、固定收益、商品和货币类 ETF。其发行的 SRS、SSO 和 QID 等在 ETF 交易量排行榜位置较前。
Rydex	Rydex Investments www.rydex-sgi.com	提供按市值和风格分类的 ETF，还有部分行业和货币 ETF，有正、反向杠杆 ETF。
SPDRs	State Street www.spdrs.com www.sectorspdr.com	规模大、种类多。发行按市值、风格、行业和地区分类的 ETF，还有地产、固定收益、黄金、国际和优先股等类别的 ETF。其中 SPY 常居 ETF 交易量排行榜榜首。
Vanguard	Vanguard www.vanguard.com	以发行低成本指数基金闻名。发行的 ETF 包括国际市场和国内市场指数、不同风格、市值和行业指数以及固定收益 ETF 等。
WisdomTree	WisdomTree www.wisdomtree.com	提供按股息或利润加权的指数 ETF。该公司声称此法可纠正市值加权指数存在的弊端。其 ETF 类别涵盖美国股市和固定收益、国际股市、国际行业和货币指数等。

性使得 ETF 可以被方便地用于对冲风险和组建各种交易策略。
> 税收支出和交易损耗较低。大多数 ETF 持有的是基准指数的成份股，在指数成份不变的情况下，一般不买卖股票。而且，由于投资者一般是在股市上买卖 ETF 份额，基金公司无须在投资者买入（赎回）基金份额时买进（卖出）股票。所以，ETF 产生的短期资本收益更少，平均税率更低。而且，共同基金在股价高涨（急跌）时由于买入（赎回）需求增加而被迫高（低）价买入（卖出）股票导致收益下降。而 ETF 无此问题。
> 信息透明度更高。ETF 的投资标的物十分清楚，可以在一天中任何时间较容易地计算其净市值。而共同基金的实际持股情况只在其发布信息时才透露。所以，投资者得到的信息是延迟的。
> 提供大量的多元化投资选择。ETF 的各种类别将在稍后介绍。
> 价格与净资产值相差较小。由于 ETF 允许一些机构创建和赎回 ETF 份额，保证了 ETF 价格与净资产值相差很小。这是 ETF 相对于封闭式基金的一大优点。我们将在稍后介绍 ETF 的运作机制时进一步讨论 ETF 份额的创建和赎回。

ETF 的种类多样而且新品种不断推出。这里简要介绍几类主要的 ETF。读者可以登录 www.meigu168.com/etf.htm 查阅及时更新的 ETF 产品分类列表。

> **股价指数 ETF（Stock Index ETF）**：以跟踪某个股价指数的收益为目标。这是 ETF 中规模和交易量最大的类别。其中，SPY 和 QQQQ 平均每天交易量超过 1 亿股。很多指数 ETF 通过按比例 100%持有基准指数的成份股以使其表现接近基准指数的表现；还有一些指数 ETF 采用代表性采样的方法将大部分资金投资于与指数变动一致的股票，并将剩余的资金（5% - 20%）投资于股票期货和掉期合约①等金融工具以使 ETF 的表现最大限度地接近基准指数的表现。与指数共同基金一样，指数 ETF 也存在跟踪误差，即其实际收益并不总是等于相应指数的收益。
> **商品 ETF（Commodity ETF）**：以跟踪贵金属、石油和天然气等大宗商品价格表现为目标。例如，USO、UNG、GLD 和 SLV 分别跟踪原油、天然气、金块和白银的价格指数变动。这类 ETF 大多投资于相应商品的期货和掉期合约。值得一提的是，商品 ETF 并不都能很好地跟踪其基准指数。一些商品 ETF 每个月都要将快到期的期货合约延转至下个月。而在延转时不同期限合约之间的价差可能带来损失。而且，一些投机者在 ETF 延转合约前大量买入，迫

---

① **期货（Futures）**是指在未来某个指定的时间按指定的价格买入或卖出一定数量标的物（例如石油、黄金和股票）的标准化合约。期货主要在期货交易所交易。美国的主要期货交易所有芝加哥期货交易所（CBOT）、纽约期货交易所（NYMEX）和芝加哥商品交易所（CME）等。**掉期（Swap）**是指交易双方约定在未来某一时期里交换各自所持资产或现金流的合约。例如，投资者 A 拥有股票 XYZ，与投资者 B 订立合约。在未来一年里，股票 XYZ 的收益归 B。作为交换，B 向 A 支付市场利率加一个百分点的利息。这样，A 可以在不放弃对股票 XYZ 的投票权的同时避免股价波动带来的风险。

使 ETF 以较高价格购进新合约。这些因素使得此类 ETF 的投资收益低于相应的商品价格指数收益。这种价值损失现象称为**期货溢价（Contango）**。

➢ **固定收益 ETF（Fixed-Income ETF）**：以跟踪固定收益证券①的收益为目标。固定收益 ETF 包括联邦债券 ETF、市政债券 ETF、住房抵押债券 ETF、通货膨胀保护债券 ETF（收益与通货膨胀率成正比）、信贷风险 ETF、外国债券 ETF 等。例如，AGG、AGZ 和 HYG 分别跟踪投资级债券、政府机构债券和高收益债券指数的收益。债券 ETF 是分散风险的良好工具。例如，当经济前景不佳，股票价格下跌时，政府债券的收益高于股票。债券往往有最低投资金额要求（例如一万美元以上），而债券 ETF 则无此限制。

➢ **货币 ETF（Currency ETF）**：以跟踪某国货币（例如英镑、欧元和日元）汇率变动为目标。例如，CYB 以跟踪人民币综合收益（人民币利率及其兑美元汇率的变动收益之和）为目标。值得一提的是，由于目前人民币尚未自由兑换，该 ETF 持有的是人民币期货，而期货价格反映了市场对人民币未来收益的预期。所以，CYB 的价格变动可能与人民币的实际收益变动不一致。

➢ **杠杆型 ETF（Leverage ETF）**：以产生某个指数每日变动百分比的一定倍数的收益为目标。目前主要的倍数有：-1，-2，-3，+2 和+3。目前最高的倍数是 Direxion 发行的三倍 ETF 系列。杠杆型 ETF 按其倍数的正负分两种：**牛市基金（Bull Fund）**提供指数变动百分比的正倍数收益；**熊市基金（Bear Fund）**，又称**反向 ETF（Inverse ETF）**，提供指数变动百分比的负倍数收益。例如，如果某天金融股股价指数上涨 1%，则提供+3 倍收益的牛市基金 FAS 当天应上涨 3%，而提供-3 倍收益的熊市基金 FAZ 当天应下跌 3%。杠杆型 ETF 使用股票、掉期和期货合约、融资和每天调整仓位来实现多倍于相应指数的收益。由于可以产生多倍的投资效果，杠杆型 ETF 被大量用于对冲风险和投机套利交易中。

➢ **积极管理型 ETF（Actively Managed ETF）**：以跟踪积极管理型基金的收益为目标。PowerShares 发行的 AMEX Intellidex 系列 ETF 和 First Trust 发行的 AlphaDEX 系列 ETF 就是根据量化模型定期调整指数成份股的积极型 ETF。其它的积极管理型 ETF 还有：PYH 和 MINT 分别跟踪行业轮换和短期债券策略的收益。这类 ETF 存在一个难题：如果 ETF 公开其积极管理策略的操作方法，则会有投机者试图抢先在该 ETF 买入或卖出股票之前买入或卖出，导致 ETF 不得不以较高的价格买入或较低的价格卖出，从而降低这类 ETF 的收益。但如果 ETF 不公开其操作方法，则投资者难以了解其风险程度。

➢ **对冲基金 ETF（Hedge Fund ETF）**：以跟踪采用特定投资策略的对冲基金的平均收益为目标。例如，MCRO、QAI 和 MNA 分别以跟踪全球宏观策略、多元策略和公司并购对冲策略的平均投资收益为目标。

---

① **固定收益证券**是指提供固定利息收入的证券，例如固定利息债券和优先股。

表 3-2 大中华 ETF 列表

代码	简介	市值（百万美元）	平均日成交量
\multicolumn{4}{c}{中国 ETF}			
FXI	跟踪 FTSE 中国 25 指数（25 家中国大公司）	6,809	16,945,000
GXC	跟踪 S&P BMI 中国指数	670	106,936
PGJ	跟踪 Halter USX 中国指数	449	94,943
YAO	跟踪 AlphaShares 中国全线指数	90	40,567
FCHI	跟踪 FTSE 香港上市的中国公司指数	59	9,811
PEK	跟踪 CSI 300 指数（中国 A 股）	22	140,261
XPP	2 倍于 FTSE 中国 25 指数的日收益率	52	49,324
CZM	3 倍于 BNY 中国 ADR 指数日收益率	56	96,212
YXI	反向：-1 倍于 FTSE 中国 25 指数	11	6,265
FXP	反向：-2 倍于 FTSE 中国 25 指数日收益率	228	615,275
CZI	反向：-3 倍于 BNY 中国 ADR 指数收益	10	45,725
HAO	跟踪 AlphaShares 中国小盘股指数	374	238,073
ECNS	跟踪 MSCI 中国小盘股指数	23	7,924
CHIQ	跟踪中国消费板块指数	157	177,489
TAO	跟踪 AlphaShares 中国地产板块指数	48	64,792
CQQQ	跟踪 AlphaShares 中国科技板块指数	46	28,434
CHXX	跟踪中国基础建设板块指数	19	20,685
CHIE	跟踪中国能源板块指数	10	9,962
CHIM	跟踪中国材料板块指数	9	47,343
CHII	跟踪中国工业板块指数	7	15,391
CHIX	跟踪中国金融板块指数	7	96,796
CHIB	跟踪中国科技板块指数	5	3,735
	台湾 ETF		
EWT	跟踪 MSCI 台湾指数	3,394	11,954,800
TWON	跟踪 IQ Intl 台湾小盘股指数	7	5,920
	香港 ETF		
EWH	跟踪 MSCI 香港指数	1,990	5,822,200
	新加坡		
EWS	跟踪 MSCI 新加坡指数	1,915	3,362,840

数据来源：Yahoo Finance。截止日期：2/25/2011。

指数 ETF 可以按其基准指数进一步细分为以下几个主要类别：

- 按行业分类：iShares 和 SPDR 都有跟踪主要行业股价指数的 ETF。虽然各自采用的行业划分方法不完全相同，但都大致涵盖十个行业：金融、医疗保健、工业、基础材料、科技、能源、消费品、电信和公用事业。
- 按投资风格分类：iShares 和 SPDR 都提供价值股、成长股和平衡股 ETF。
- 按股票市值大小分类：主要分为大型股 ETF、中型股 ETF、小型股 ETF 和微型股 ETF。大多数 ETF 家族都提供按股票市值分类的 ETF。
- 按国别和地区分类：iShares 和 SPDR 都提供按此标准分类的 ETF。按国家经济发展程度划分的有：发达国家股市 ETF 和新兴国家股市 ETF。按地区划分的有：亚洲、欧洲、拉丁美洲、中东和非洲等地区股市指数 ETF。另外还有细分到某个国家或地区股市指数的 ETF，例如加拿大、法国、德国、南韩、巴西和南非等国家的股市指数 ETF。表 3-2 列出主要的大中华 ETF。
- 多项标准相结合分类：iShares 和 SPDR 都提供按市值大小和投资风格两项标准进行分类的 ETF。例如 ELV 和 EMG 分别跟踪大型价值股和中型成长股的股价指数。还有将国家、市值和行业等标准相结合进行分类的 ETF。例如 EWX 跟踪新兴市场国家小型股股价指数的收益。

ETF 种类的多样性为投资者提供了近乎无限的想象和操作空间。我们将在第八章介绍股票投资策略时介绍如何用 ETF 实施其中一些策略。当然，投资者也可以用共同基金和封闭式基金等其他基金产品实现其中一些策略。但是，这些产品在操作简便、灵活和成本低廉等方面远不及 ETF。

基准指数相同或相似的 ETF 不少。例如，Vanguard 发行的 VV 和 Schwab 发行的 SCHX 都跟踪大型股股价指数。以下原则有助于从相似的 ETF 中选出优胜者：

- 选择流动性高的 ETF。流动性越高，买卖差价越低。衡量流动性的指标之一是过去三个月的平均成交量乘以股价。
- 选择费用比率低的 ETF。
- 最好能选择价格低于净资产值的 ETF。但价格一般与净资产值相差很小。
- 选择历史表现最接近希望投资的指数的 ETF（R 平方高、跟踪误差小）。

ETF 和 ETN 的区别

交易所交易票据（ETN），全称 Exchange Traded Note，是一种由银行发行的有一定期限的高级无担保的债务凭证。ETN 的收益与某个指定的基准指数相挂钩。ETN 的发行银行承诺在到期日按照基准指数的收益向 ETN 的持有者支付现金。与 ETF 一样，ETN 可以在股市上自由交易，也可以被卖空。Barclays 发行的 iPath 是目前最主要的 ETN 系列。其中，VXX 和 VXZ 分别跟踪标准普尔 500 指数波动率指标 VIX 的短期和中期期货合约收益；DJP 跟踪大宗商品价格指数。ETF 与 ETN 的区别主要有：

> 由于 ETN 是银行承诺兑现的债务，当发行银行资不抵债时，ETN 持有者可能发生损失。所以，ETN 存在信用风险，其信用风险等级与其发行银行一致。而 ETF 由于有股票和债券等资产作抵押，因此不存在信用风险。
> ETN 不存在跟踪误差。ETN 的发行银行按扣除费用后基准指数的收益兑付现金。而 ETF 则存在跟踪误差。
> ETN 有明确的到期日，而 ETF 则无。

ETF 与 HOLDR 的区别

HOLDR 的英文全称是 Holding Company Depositary Receipt，是由 Merrill Lynch 发行的、在交易所交易的委托人信托。投资者可以通过购买 HOLDR 来持有某个行业、地区或类别的股票组合。虽然 HOLDR 也和 ETF 一样具有低成本、低换手率（持股成份基本不变）以及低税负的特点，有时 HOLDR 也出现在一些 ETF 名单之中，但 HOLDR 与 ETF 有明显的区别。大部分 ETF 是依据 1940 年的 Investment Company Act，以开放式指数基金（Open-End Index Fund）的法律形式注册。这种形式灵活性较高。基金获得的股息立即用于再投资并且按月或季度发放，可以从事衍生工具交易、资产组合优化和证券出借等活动；而 HOLDR 是依据 1933 年的 Securities Act，以委托人信托（Grantor Trust）的法律形式注册。这种形式要求将获得的股息直接交给股东。股东对 HOLDR 所持股票拥有投票权。HOLDR 持有的证券固定不变。下面进一步解释两者不同之处：

> 指数 ETF 跟踪基准指数。当基准指数的构成发生变化时，指数 ETF 也相应地买入新成份股或卖出剔除出去的旧成份股。而 HOLDR 是由发行商预先选定的一组股票。它并不跟踪某个指数。当 HOLDR 持有的某只股票退出股市时，HOLDR 并不卖出该股票，从而导致 HOLDR 持有的股票越来越集中。
> 指数 ETF 的股东并不直接持有 ETF 中的股票。HOLDR 的股东直接持有 HOLDR 中的股票，因而对这些股票享有投票权。
> ETF 最小交易单位为 1 股。而 HOLDR 的最小交易单位是 100 股。
> ETF 的年费为资产的 0.1% 到 1%。而 HOLDR 的年费为每股 8 美分。

一些交易量大的 ETF 被冠以昵称并不时出现在媒体中。常见的有：Spiders 是指 SPY；Cubes 和 Q's 是指 QQQQ；Diamonds 是指 DIA。由于买卖 ETF 就像交易股票一样简单，大多数投资者并不需要知道 ETF 的具体运作方式。但了解其运作方式有助于更好地理解其特性。

图 3-1 显示 ETF 的主要运作流程。首先，发起商确定 ETF 的投资方案。例如按一定比例分别投资于股票、债券和期货等金融产品（标的物）。发起商将投资方案传达给 ETF 销售商。销售商在交易日开始前将 ETF 的具体资料分发给获得授权的证券商。证券商从股市上买入 ETF 的标的物并将标的物及现金（用于支付手续费）交付销售商以换取 ETF 的原始单位。原始单位的最低起点一般是 5 万股。证券商将 ETF 的原始单位分割后投放到股市出售。这是 ETF 份额的创造过程。当券商要赎回 ETF 份额时，可以在交易日开始前将 ETF 的原始单位交还基金公司以换回标的物，然后在股市上卖出标的物以获得现金。当 ETF 的市场价格高于净资产值时，证券商可以创造 ETF 份额以赚取差价。当 ETF 的市场价格低于其净资产值时，证券商可以从股市上买入 ETF，并向基金公司赎回 ETF 份额并卖出标的物从而赚取差价。ETF 正是通过这些创造和赎回交易使得其市场价格与净资产值保持一致的。由于大多数个人投资者的 ETF 份额不足 5 万股，不能直接向基金公司赎回，只能在股票市场上卖出。所以，投资者买卖 ETF 的行为对 ETF 的投资收益影响非常小。这是 ETF 相对于共同基金的一大优点。

图 3-1 ETF 的运作流程图

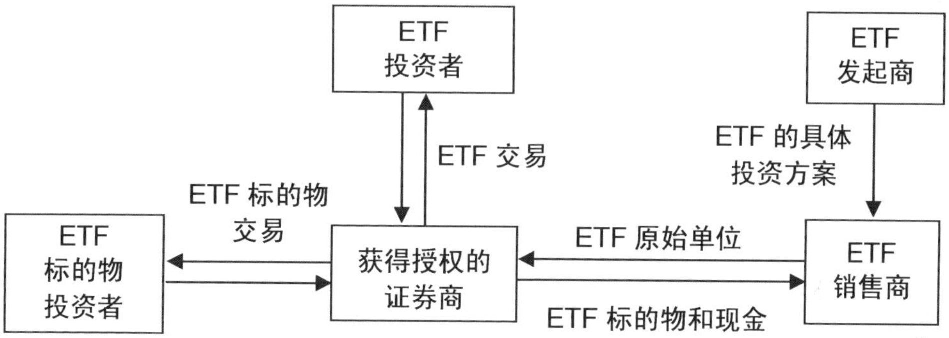

5. 单位信托投资基金

单位投资信托基金（Unit Investment Trust）是由一篮子指定证券组成的有一定年限的基金。其运作方式如下：基金发起人一次性发行有一定期限（例如５０年）的基金份额。该基金按指定的比例投资于指定的证券（例如２０只股票）。在基金的存活期内，基金发起人一般不买卖所持有的证券。当终止日来临，基金卖掉所持资产得到的资金在扣除费用和偿还债务后按比例分配给投资者。截止 2008 年底，在美国注册的单位投资信托基金达 5,984 只，资产总值达 290 亿美元[①]。主要的单位投资基金发行商有 First Trust Portfolio、Van Kampen、Advisor's Asset Management 和 Claymore Securities。大多数的大型证券商都销售这几家公司发行的单位投资基金。

在一些情况下，单位信托基金缴纳的未实现的资本增值税低于共同基金。共同基金按照全年的投资表现计算应付税款。假设一只共同基金在一年之中获得较大增值而仅在年末两个月发生亏损。由于基金在当年是赢利的，需要付税，所以在最后两个月买入基金份额的投资者即使其资产缩水还要一起分担基金的税收负担。而单位信托基金的投资者由于购买的是新的基金，不存在为基金年初的利润分摊税负的问题。

6. 其它基金

房地产投资信托（REIT），全称 Real Estate Investment Trust，是投资于房地产并且享有公司税减免的公司。REIT 可投资于能获得租金收入的房地产（商场、办公楼、公寓和旅馆等）、向房地产业主房贷以收取利息或持有房地产抵押债券等。与直接投资房地产物业相比，投资于 REIT 无须大量资金、可以将资金分散投资到不同地区和类型的物业、流动性高（可以快速而方便买进卖出 REIT 份额）。REIT 的风险通常低于股票、股息收入高于股票。REIT 主要有以下三类：

> 股票 REIT：REIT 买入或租赁地产以获取租金和从买卖差价中获利。
> 房地产抵押贷款 REIT：从房地产抵押贷款获利。这类 REIT 的价值收利率影响较大。利率上升（下降），其价值下跌（上升）。
> 混合型 REIT：前两个类别的混合体；既可以类似开放式基金，也可以类似封闭式基金；可以有终止日，也可以无终止日；可以投资于单个或一组项目。

REIT 必须符合以下条件才能获得税收减免：每年要将至少 90%的应税收入以股息形式发给其股东；至少 95%的收入来源于租金、股息和利息。至少 75%的资产要投资在房地产上；股东人数超过 100 人；以公司、信托或协会的法律形式组建；不得是金融或保险公司。

对冲基金（Hedge Fund）是仅对风险承受能力较强的投资者开放并根据投资收益收费的投资基金。对冲的原意是指通过采取卖空和金融衍生品等方法在一定程度上化解投资风险。例如，为规避股票价格下跌的风险而买入看跌期权[②]，从而当股价下跌时看跌期权上的盈利可以部分或全部抵消投资者在股票上的损失。随着对冲基金行业的发展壮大，现在的对冲基金已经不再限于规避风险，而是以追求高收益（往往伴随

---

① 数据来源：2009 Investment Company Fact Book，Investment Company Institute。
② 看跌期权是一种给予其持有人以约定的价格卖出一定数量的指定股票的权利的合约。

高风险）为主要目的。对冲基金可以投资的对象十分广泛，包括股票、债券、金融衍生工具、黄金和石油等；也可以采用多种不同的投资策略。

与前面所述的基金相比，对冲基金所受的监管少很多，可以从事多种共同基金不能从事的活动，例如卖空和高财务杠杆操作。由于风险较高，对冲基金仅接受机构和富有的个人投资者[①]的资金。对冲基金通常将所采用的投资策略和财务杠杆的使用程度列在招股说明书中以方便客户了解基金的基本情况。另外，与共同基金相比，对冲基金所需公开的信息较少，财务透明度低。

对冲基金向投资者收取两项主要费用：管理费和绩效费。目前的行业标准是：每年的管理费是基金净资产值的 2%；绩效费是基金当年投资收益的 20%。当然不同的对冲基金收费并不相同。一些优秀的基金经理的绩效费高达投资收益的 40 - 50%。

根据 Alpha 杂志 2009 年 4 月公布的排名，世界上最大的四家对冲基金均来自美国。其排名（及总资产）依次是：Bridgewater Associates（386 亿美元）、JPMorgan Asset Management（329 亿美元）、Paulson & Co.（290 亿美元）和 D.E. Shaw & Co（286 亿美元）。

私有股权基金（Private Equity Fund） 是指投资于不公开上市交易的股票或股权的基金。私有股权基金的投资者主要是机构投资者。私有股权基金所采用的投资策略多种多样，包括杠杆收购、风险投资和投资于发生财务危机的公司等。私有股权基金对初始投资要求较高，通常一百万美元以上；由于这类基金所持有的股权并不上市流通，其资产的流动性较低。根据 Private Equity International 杂志 2009 年的排名，最大的三家私有股权基金分别是 TPG、Goldman Sachs Principal Investment Area 和 The Carlyle Group。

基金的基金（Fund of Funds） 是指投资于若干个其它投资基金的基金。大多数基金的基金投资于对冲基金和私有股权基金。与直接投资这两类基金相比，投资者通过投资于基金的基金来间接投资这两类基金的优势主要有：

> ➢ 分散投资风险。当某位基金经理投资失败时不至于对客户资本造成过大损失。
> ➢ 对冲基金和私有股权基金的财务透明度较低，个人投资者难以获得充分的信息。而基金的基金在选择基金方面有专业优势，可以通过挑选业绩优良的基金达到提高收益或降低风险的目的。
> ➢ 对冲基金和私有股权基金要求的最低投资额很高。而通过基金的基金则不需要大笔资金就可以投资于多家基金，从而降低了投资风险。

[①] 证券法规定，对冲基金的客户净资产必须超过 1 百万美元或过去两年中年收入超过 20 万美元。

近年来发生的几起事件表明，基金的基金并不一定能挑选到好基金。例如，2008年揭发出来的麦道夫骗局中就有不少基金的基金牵涉其中。而且，除了所投资的基金收取的管理费外，基金的基金还收取1%的管理费以及10%的绩效费。所以，投资者付出的总体管理费用较高。

7. 股票期权

股票期权（Stock Options）是一种赋予其持有者在指定的日期前以指定的价格买入（或卖出）一定数量指定的股票的权力的合约。期权合约的内容可概括如下：

> 期权在指定的失效日（Expiration Date）结束时自动失效。失效日一般是指定月份的第三个星期五。有些券商要求客户在此日期前提出执行期权的请求。
> 期权合约中指定的买入或卖出股票的价格称为**执行价格**（Strike Price）。
> 期权可以分为看涨期权和看跌期权。**看涨期权(Call Option)** 给予持有者买入股票的权力；**看跌期权(Put Option)** 给予持有者卖出股票的权力。
> 在交易所交易的期权合约都是标准化的合约，每份合约对应的股票数量是100股。
> 期权的持有者有执行合约的权力而没有执行合约的义务。

一份"BAC Nov 2009 17.5000 call"的期权合约给予其持有者（即期权的买入方）在2009年11月的第三个星期五（11月20日）或之前以每股17.5美元的价格买入100股BAC（Bank of America股票的代码）的权力。在合约有效期内，当该期权的持有者要求执行一份期权合约时，期权清算所将要求期权的卖出方按每股17.5美元的价格将100股BAC卖给期权持有者。每份合约只能执行一次。有效期过后期权自动终止。同样地，一份"BAC Jan 2010 20.0000 put"的期权合约给予其持有者在2010年1月15日或之前以每股20美元的价格卖出100股BAC的权力。

由于看涨期权的持有人拥有以执行价格买入股票的权力，当股价上涨并高于执行价格时，期权的持有人可以按照执行价格向期权卖出方买入股票并在股市上按市场价格卖出而获利（因为市场价高于执行价）。所以看涨期权的价格随着股价的上涨而上涨。当股价下跌时，看涨期权持有者的最大损失为购买期权时支付的价格。

由于看跌期权的持有人拥有以执行价格卖出股票的权力，当股价下跌并低于执行价格时，期权的持有人可以在股市上买进股票并按照执行价格向期权卖出方卖出而获利（因为市场价低于执行价）。所以看涨期权的价格随着股价的下跌而上涨。当股价上升时，看跌期权持有者的最大损失为购买期权时支付的价格。

期权的买入方向卖出方支付一定的价格以获得执行合约的权力。这种合约与保险合约相似，所以，期权的价格又称为**期权的保险费**（Premium）。决定期权价格的一个主要因素是期权执行价格与对应的股票价格之差。对于看涨期权，当执行价格低于相应股票的市场价格时，执行期权有利可图。上例中，假设 BAC 的股价是 18 美元，则"BAC Nov 2009 17.5000 call"的持有者可以执行期权，以 17.5 美元的价格向期权卖方买进 BAC，并到市场上以每股 18 美元卖出，每股净赚 0.5（= 18 – 17.5）美元；对于看跌期权，当执行价格高于相应股票市场价格时，执行期权有利可图。上例中，"BAC Jan 2010 20.0000 put"的持有者可以到市场上以每股 18 美元的价格买入 BAC，并以每股 20 美元的价格向期权卖方卖出 BAC，每股净赚 2（= 20 – 18）美元。执行价格低于相应股票价格的看涨期权和执行价格高于相应股票价格的看跌期权称为**溢价期权（In-The-Money）**。执行溢价期权可获得收益。

当期权的执行价格等于相应的股票的市场价格时，该期权称为**平价期权（At-The-Money）**。不属于以上两种情况的期权称为**价外期权（Out-Of-The-Money）**。执行这两类期权无利可图。对于溢价期权，执行价格与相应股票价格之差称为期权的**内在价值（Intrinsic Value）**。平价期权和价外期权无内在价值。

由于股价上下波动，期权具有增值的可能性，所以期权的价值一般高于其内在价值。**时间价值（Time Value）**就是期权价值高于其内在价值的部分。也就是说，期权价值等于内在价值与时间价值之和。由于执行期权只能获得其内在价值而失去时间价值。所以，大多数的期权并不被执行。持有者一般将期权卖出以获得期权的全部价值。影响期权价值的因素主要有：

> 内在价值越高，期权价值越高。
> 离到期日的时间越长，期权被执行的可能性越大，价值也就越高。
> 期权对应的股票价格波幅越大，期权被执行的可能性越大，价值也就越高。
> 对应的股票的股息。股票分派现金股息之后股价一般下跌，所以现金股息越高，看涨期权的价值越低；而看跌期权的价值越高[①]。
> 市场利率越高，看涨期权的价值越高而看跌期权的价值越低。

与股票一样，期权也在股票交易所交易，而且交易期权合约和交易股票的过程几乎一样。期权也有买入价和卖出价。投资者可以查看期权的价格变动和交易量等走势图。期权与股票不同之处有：

> 期权一般只有几个月寿命。股票的寿命理论上可以是无限的。
> 期权具有财务杠杆功能。由于期权买入者仅需要少量的资金买入合约即可获得相应的股票价格变动的收益（或损失），所以期权的风险大于股票。
> 看跌期权的风险小于卖空股票的风险。当股价大幅上涨时，卖空股票者的损失可能大于其卖空的金额；而看跌期权的持有者损失不超过期权的价格。

---

① 如果股息是通过增发新股的形式派发，则期权对应的股票数量相应增加。所以这种情况下，期权的价值不变。同样道理，股票分割也不影响期权价值。

- 股票持有者拥有公司的一部分，有投票权和获得股息的权力。期权的持有者则仅仅获得股价上涨的收益。
- 股票的数量通常是固定的（由发行量决定），而期权合约的数量并不固定。只要有卖家愿意出售，又有买家愿意买入，则期权合约数量就可以增加。

股票期权的主要交易所有 NYSE Amex Options, NYSE Arca Options, the Chicago Board Options Exchange (CBOE)。所有在美国的交易所交易的期权都由 Options Clearing Corporation (OCC)发行、担保和清算。OCC 是一家在 SEC 注册的清算公司。当期权的卖方无法履行义务时，由 OCC 向期权的持有方履行义务。标准普尔对 OCC 的信用评级是 AAA，即最高信用等级。

期权的风险较高，投资新手不应贸然进入。对于专业人士来说，期权的交易具有很大的灵活性。投资者可以将不同执行价格、到期日的看涨和看跌期权组合起来构建各种交易策略以达到对冲风险或投机的目的。我们将在第八章介绍期权的交易策略。

第四章 实际投资操作

本章按顺序介绍股票投资的具体操作步骤：选择券商、账户类型、研究和选股的互联网资源、交易操作和申报所得税。最后，我们还总结了一些投资者常犯的错误以及防范欺诈和维护自身合法权益的建议。

1. 选择证券经纪商

选择券商是投资过程中十分重要的一步。选择得好有助于提高投资回报、降低风险和获得更灵活的操作空间。券商按其提供的服务可以分为两类：

> 提供全方位服务的券商。这类券商一般拥有一支股票分析师团队为客户发掘投资机会。公司为每位客户指定一名投资顾问，负责向客户提供投资建议、代理买卖股票等各类投资产品、制定退休金计划、税收咨询等全方位服务。这类券商一般每年向客户收取账户总值的 0.75%到 3%作为管理费。表 4-1 列出六家主要的提供全方位服务的券商。

> 折扣券商。这类券商所提供的服务有限但由于收费低廉而成为很多个人投资者的首选。折扣券商的收费主要是交易佣金。表 4-2 列出了 17 家折扣券商的基本情况，包括佣金、是否可开设国际账户、是否有华语客户服务和中文网页以及专家的评价。考虑到券商的收费和服务不断变化，我们在美股 168 的券商频道（www.meigu168.com/broker.htm）提供随时更新的信息及用户评价，并且介绍券商不时推出的各类优惠活动。

表 4-1. 部分提供全方位服务的券商
（按英文名称首字母顺序排列）

Goldman Sachs	www.goldmansachs.com
J.P. Morgan	www.jpmorgan.com
Merrill Lynch	www.ml.com
Morgan Stanley	www.morganstanley.com
UBS	www.ubs.com
Wells Fargo Advisors	www.wellsfargoadvisors.com

表 4-2. 折扣券商收费及服务一览表
（按英文名称首字母顺序排列）

券商	网上自助交易佣金[1]	国际账户[2]	华语服务	中文网页	评价
Banc of America Merrill Edge www.bankofamerica.com 800-822-2222	每笔 $4.95 - $8.95	无	无	无	1）可获得 Bank of America 的多项金融服务。 2）佣金收费较合理。 3）适合一般投资者。但专业交易员可能需要更专业的券商。
Charles Schwab www.schwab.com 866-232-9890	每笔 $8.95	有	有	有	1）投资产品和理财服务范围广泛。 2）交易系统完善。 3）提供免费的股票研究和新闻。 4）佣金收费对于资金量大的客户较合理。
E*Trade Financial www.etrade.com 800-387-2331	每笔 $7.99 - $9.99	有	有	有	1）提供免费的股票研究和新闻。 2）交易执行速度可能较慢。 3）客户服务质量中等。
Fidelity Investments www.fidelity.com 800-343-3548	每笔 $7.95	有	无	无	1）投资产品和理财服务范围广泛。 2）交易系统完善。 3）提供免费优质的股票研究和新闻。 4）对于账户最低余额的要求较高。 5）海外投资者通过香港富达基金开户。
Firstrade Securities www.firstrade.com 800-869-8800	每笔 $6.95	有	有	有	1）佣金较低、利息率较优惠。 2）交易执行速度较快。 3）提供免费的股票研究和新闻。

（未完，下页继续）

（接上页表 4-2）

券商	网上自助交易佣金 [1]	国际账户 [2]	华语服务	中文网页	评价
Interactive Brokers www.interactivebrokers.com 877-442-2757	每股 $0.0035 外加交易所费用和收入 或 每股 $0.005 其它：数据月费和卖空费、修改/取消指令费等。	有	有	有	1）交易执行效率高。 2）提供各种交易和分析工具。 3）以服务专业交易人士为主。普通投资者能获得的客户服务非常有限。 4）交易界面对于新手过于复杂。 5）收费结构较复杂。
MB Trading www.mbtrading.com 866-628-3001	每笔 $4.95	有	无	无	1）交易执行效率高。 2）佣金低。
OptionsXpress www.optionsxpress.com 888-280-8020	每笔 $9.95 - $14.95	有 [2]	无	无	1）股票分析和资产组合工具较齐全。 2）无最低余额限制。 3）期权交易方面有较强的优势。
Scottrade www.scottrade.com 800-619-7283	每笔 $7 使用推荐码 QNLJ4780 开户可获三次免费交易	有	有	有	1）服务好，客户满意度高。 2）佣金较低、利息率较优惠。 3）提供免费的股票研究和新闻。 4）全美 425 家分行网点。
Sharebuilder www.sharebuilder.com 800-747-2537	自动投资计划： 每笔 $4 其它：每笔$15.95	无	无	无	1）自动投资计划有助于减少非理性投资。 2）适合喜欢简单的投资者。 3）提供的投资产品有限。
SogoTrade www.sogotrade.com 888-818-7646	每笔 $3	有	有	有	1）佣金低廉。 2）无盘前、盘后交易。
TD Ameritrade www.tdameritrade.com 800-454-9272	每笔 $9.99	有	有	无	1）提供的服务范围较广。 2）客户服务质量中等。

（未完，下页继续）

(接上页表 4-2)

券商	网上自助交易佣金 [1]	国际账户 [2]	华语服务	中文网页	评价
ThinkorSwim www.thinkorswim.com 866-839-1100	每笔 $9.95 或 每股 0.015（至少 $5）	有	无	无	1）客户服务质量高 2）交易系统采用新技术 3）以服务大量交易和技术复杂度较高的人士为主
TradeKing www.tradeking.com 877-495-5464	每笔 $4.95	无	无	无	1）佣金低廉，收费明晰 2）交易操作简单 3）提供的投资产品有限 4）以服务大量交易和技术复杂度较高的人士为主
TradeStation Securities www.tradestation.com 800-808-9336	每笔 $6.99-$9.99 或 每股 $0.01	有	无	无	1）其交易平台获得行内人士好评 2）以服务大量交易和技术复杂度较高的人士为主
Wells Fargo/Wells Trade www.wellsfargo.com 866-243-0931	每笔 $19.95	无	无	无	可获得 Wells Fargo 的众多银行服务
Zecco Trading www.zecco.com 877-700-7862	每笔 $4.95	有	无	无	1）佣金低廉而且可获得免费交易 2）无客户服务热线 3）投资产品和服务有限

以上信息截止日期为 2/28/2011。
1. 本表列出的佣金是指通过互联网下指令所收取的佣金。电话委托和有专业人士协助的指令一般收费更高。另外，一些券商的实际收费视交易次数和资金量而定。对于这类情况，我们列出佣金范围。
2. 各券商业务覆盖的国家和地区不同。国际账户并非对所有国家的居民都开放。

投资者应在选择券商之前正确认清自己的需要。以下几个问题有助于理清思路。

- 我计划投入多少资金？投入资金量越大则佣金占全部资金的比例越小，越应该选择声誉和服务好的券商。资金少的可选择低佣金券商以节省支出。
- 我希望投资哪些金融产品？大多数券商都可以代客户买卖股票和基金。但是，如果投资者还希望投资其它产品，例如期权、外汇和新上市股票等，则需要选择提供产品范围广的券商。
- 我要经常交易吗？交易越频繁，成交价和执行速度越重要。不同的券商交易的执行质量不同，一些为专业交易员服务的券商能够迅速为客户争取到最好的成交价格。所以频繁交易的人士最好选择专门为专业交易人士服务的券商。另外，交易越频繁，佣金开支越大，越应考虑佣金收费问题。
- 我需要多少服务？新手应选择客户服务质量高的券商以便及时解决交易或账户出现的问题，从而避免可能发生的损失。从这个角度来看，多交一些佣金以获得优质服务是值得的。当然收费高并不等同服务质量高。读者在开户前最好先与券商联系以了解其是否能满足自己的需要。
- 我需要多少股票研究信息？如果自己没有订阅 S&P、Bloomberg 和 Morningstar 等股票信息和研究服务，最好选择一些提供免费股票研究和信息服务的券商。
- 我是否需要华语服务和中文网页。如果投资者阅读英语速度慢或口语表达不流畅，最好选择有华语热线电话和中文网页的券商。

开户前应做以下几件事：

- 查阅券商的营业登记和违规记录。美国的联邦和州法要求券商和投资顾问必须在 SEC 和所在的州注册登记。投资者应选择在本州有营业许可并且无违规和被调查等不良记录的券商。券商数据库的网址是：
 www.finra.org/Investors/ToolsCalculators/BrokerCheck/index.htm
- 查阅券商是否是 SIPC 成员企业。投资者应选择 SIPC 成员企业。SIPC 成员企业倒闭时，该企业的客户可获最高 50 万美元的补偿（其中现金不超过 10 万美元）。而非 SIPC 成员企业倒闭时，其客户无法获得 SIPC 的补偿。此外，一些 SIPC 成员企业还从保险公司购买破产保险以向客户提供额外保护。值得注意的是，由于 SIPC 的索赔有时间限制（一般在破产登记日起 30 到 60 天内），投资者一旦得知券商倒闭，应尽快到 SIPC 网页登记索赔。查询一家券商是否是 SIPC 成员可到如下网页：www.sipc.org/who/database.cfm。
- 阅读服务条款细则并留意隐性收费。券商除了在客户交易时收取佣金外，还收取其它费用。例如，账户管理月费、邮寄账单和交易确认通知的费用、数据信息费和其它手续费。这类收费很多可以免除。例如，交易次数或帐户余额超过一定数量可免账户管理费。

- 资金转账的便利。附带支票账户、电子转账和电汇等银行服务的券商能为客户带来极大的便利。另外,不同券商在资金转移的速度和限制上也不同。
- 利息率。如果经常向券商融资或超额融券,则利息支出可能会很高。
- 希望节省开支的读者可到美股 168 网页查阅券商不时推出的优惠信息。网址是:www.meigu168.com/broker.htm。

2. 账户类型

证券投资账户可以按交易权限的大小分为四类:

- 现金账户(Cash Account):这类账户购买的股票总值不得超过其现金余额。卖出股票所得的现金不能在当天用于购买股票。假设投资者 A 的现金账户有 1,000 美元现金。A 在某天买进 700 美元的股票并以 780 美元卖出,获利 80 美元。这时,A 的账户余额变为 1,080 美元。由于卖出股票所得的现金第二天才可用于购买股票,投资者在当天剩余的时间里最多只能购买 300 美元的股票(=1,000 - 700)。另外,现金账户不能进行卖空交易。
- 融资融券账户(Margin Account):这类账户允许客户买入高于其现金余额价值的股票。而且,卖出股票所得的现金在当天就可用于购买股票。例如,投资者 A 的融资融券账户上有 10,000 美元现金,则 A 可以买进 20,000 美元的股票,多投资的 10,000 美元实际上是券商向客户的贷款。券商根据每天夜间的贷款余额向客户收取利息。如果客户在当天交易结束前还回贷款则无需缴纳利息。各券商收取的利息率和计算方法不同,读者可查阅券商公布的细则。另外,只有融资融券账户才能进行卖空交易。券商一般规定客户融资的金额不得超过其自有资本。对于一些高风险股票,券商可能拒绝融资。如果投资者的账户符合日交易账户[①]的规定,则一天之中可以持有的股票总值可以达到自有资本额的四倍。但是日交易账户在每个交易日结束时持有股票的总值不得超过自有资本额的两倍。
- 期权账户(Option Account):这类账户允许投资者买卖股票期权。股票期权的风险大于股票,所以,申请期权账户的客户有一定的专业能力和经验。
- 个人退休账户(Retirement Account):这类账户是为提供退休后收入来源而设立的、依法享有一些税收优惠的账户。主要的个人退休账户有传统 IRA(Traditional IRA)和罗斯 IRA(Roth IRA)。这类账户对交易的限制较多(例如不得从事卖空交易)。对于罗斯 IRA,账户必须开设满 5 年才能从中提取

---

① 日交易账户是向日交易员提供的账户。SEC 对日交易员(**Day Trader**)的定义是在五个连续的交易日里每天交易超过四笔者。账户价值必须在 25,000 美元以上才符合日交易账户的规定。日交易的风险较大;而且由于交易量大,佣金支出较高。

不超过存入额的现金；账户持有人必须满 59.5 岁才能提取超过存入额的部分（即投资收益）；投资者年收入超过一定程度（单身 12 万以上，夫妻合计 17.6 万以上）则不得向该账户存入资金。退休账户的税收优惠参见本章第 6 节。

证券投资账户还可以按投资者的身份分为两类：
- 国内账户：为美国公民或居住在美国的外国人（一年中在美国居住满 183 天）而设立的账户。
- 国际账户：为居住在美国以外国家或地区的外国公民设立的账户。但如果该外国公民在一年之中在美国居住满 183 天，则不能设立国际账户，而应设立国内账户。申请国际账户除了要填写账户申请表外，还要填写 W-8BEN 表格并提供护照或身份证的复印件。与国内账户相比，国际账户拥有一些税收减免优惠。我们将在本章第 6 节进一步介绍。

3. 股票研究及选股步骤

本节将简要说明股票研究及选股的主要步骤。各步骤中提及的分析方法将在后面章节进一步介绍，相关网址集中在本章第 4 节列出。

宏观经济前景是影响股票价格的主要因素。投资者应在投资前通过财经新闻了解当前经济形势。获取财经新闻的有效途径有：Yahoo Finance（最主要的财经网站）、CNBC（最主要的财经电视台）、Wall Street Journal（最主要的财经报纸）、和 Bloomberg（财经新闻及数据库）等。如果美国经济前景好或投资者的风险承受能力强，则可适当增加股票在全部投资（包括债券和地产物业等）中的比重，或是增加周期型股票在股票投资中的比重；反之，当美国经济风险增大，则应减少股票投资或投资于防御型股票；如果预期美国以外的某个国家经济增长强劲，则可适度投资于可以从该国经济增长中获益的股票或基金。经济指标报告是判断当前经济形势和预测未来经济走势的重要工具。Yahoo Finance 等网站的经济日历提供经济指标报告发布的时间、市场预测值以及实际值等信息。重大经济指标的发布可能对股价产生显著影响。投资者可借助经济日历权衡风险和确定交易时机。宏观经济分析（包括经济指标分析）方法将在第五章第 2 节详细叙述。

在了解了宏观经济状况和前景后，可以用行业分析方法选出未来股价增长潜力较高的行业或部门。一般来说，宏观经济前景好时，周期型行业的股票表现好于防御型行业的股票；反之则防御型行业股票表现好于周期型股票；处在成长阶段的行业股价表现好于处在衰退阶段的行业股价表现；垄断程度高的行业由于利润率较高，其股价表现也相对好于竞争激烈的行业。读者可以从 Yahoo Finance 的行业研究中心找到各行业的上市公司、行业的平均股价表现以及财务指标等信息。Bloomberg 将各个行业的新闻分类列出，便于使用者迅速获得所研究行业的相关信息。行业分析的理论及方法将在第五章第 3 节详细叙述。附录 B 到 F 分别是五个主要行业的分析报告。

选定希望投资的行业后，可以对目标行业内的公司进行分析，找出其中最值得投资的公司。选股的一个要诀在于找出股价低于内在价值的好公司。这是很多成功的投资人士（包括沃伦·巴菲特和彼得·林奇[①]）都赞同的选股原则。公司分析方法将在第五章介绍。上市公司的网页、财经网站提供的公司新闻和评论以及券商提供的公司研究报告都是获取上市公司信息的重要来源。读者可以用股票筛选器找出各个行业中符合自己要求的股票。活跃交易人士应关注公司盈利日历和每股利润的耳语数字。信奉技术分析法的读者可通过观察股价走势图及技术指标决定买卖时机。

树立良好的风险控制意识是在股市中长期立于不败之地的重要保证。除了我们在各章节中穿插的风险提示外，在实际操作中牢记以下几点建议可以有效避免损失：

- 注意分散风险。不把过多资金压在一只股票或基金上。
- 不对股票收益期望过高。所谓利令智昏，期望过高容易使人贸然从事高风险交易而损失惨重。对股票收益的期望应以整个股市的平均回报率为准。
- 不要因为错过股票的连续上涨机会而急于买进或卖空。这种心态容易造成判断失误。应当抱着平常的心态。股市中机会总是存在的。

股票分析师的研究报告是投资者买卖股票的重要依据之一。股票研究报告中两个主要结论是：1）股价一年后的预测值。从当前股价和股息以及一年后股价预测值可以计算出预期投资回报率。但预期回报率高的股票可能风险也很高，所以作投资决策时要综合考虑收益和风险；2）交易建议，即在权衡收益与风险后应当买入、持有还是卖出该股票。表 4-3 列出几家主要的股票研究机构的交易建议用语（按由高到低顺序排列）。一些信息咨询机构（例如 Briefing.com 和 Thomson Financial）收集多个分析师的建议并计算出平均数和中位数。在统计平均交易建议时，由于各个研究机构的表达方式并不统一，统计机构将其转换为由高到低的五个级别：强烈买入（Strong Buy）、买入（Buy）、持有（Hold）、表现不佳（Underperform）以及卖出（Sell）。读者可以在 Yahoo Finance 找到股价预测值和交易建议的汇总信息[②]。

---

① 沃伦·巴菲特（Warren Buffett，1930 至今）是有史以来最成功的投资大师之一。个人财富连续多年世界第一。彼得·林奇（Peter Lynch，1944 年至今）是被广泛认可的最优秀的基金经理之一。
② 股票摘要页左方浅蓝色栏目中"Analyst Coverage"标题下方的"Analyst Opinion"和"Analyst Estimates"分别是交易建议和一年后的预测价格的信息链接。

表 4-3 几家股票研究机构的交易建议用语

Goldman Sachs	Merrill Lynch	Morgan Stanley DW
• Recommended List • Trading Buy • Market Outperformer • Market Performer • Market Underperformer	• Buy • Accumulate • Neutral • Reduce • Sell	• Strong Buy • Outperform • Neutral • Underperform
Oppenheimer	**Prudential Securities**	**S&P Equity Research**
• Buy • Outperform • Market Perform • Underperform • Sell	• Strong Buy • Accumulate • Hold • Sell	• Buy • Accumulate • Hold • Avoid • Sell

下面，我们对雅虎财经（finance.yahoo.com）提供的股票报价表作简要解释。登录该网站后，在网页左上方的输入栏内输入股票代码并敲击电脑键盘上的回车键可转到该股票的摘要信息页（内含股票报价表）。如果不知道股票代码，可在输入栏中直接输入公司名称并从输入栏下方浮现的选择列表中选择股票。图 4-1 是 Amazon 公司的股票报价表。下面，我们逐一解释报价表中每栏所提供的信息。

图 4-1 股票信息摘要示例

A — Amazon.com, Inc. (NasdaqGS: AMZN)
B — Real-Time: 81.84 ↓ 0.28 (0.34%) 10:40AM ET

C Last Trade:	81.28	**K** Day's Range:	80.49 - 82.04
D Trade Time:	10:25AM ET	**L** 52wk Range:	34.68 - 94.40
E Change:	↓ 0.84 (1.02%)	**M** Volume:	1,434,018
F Prev Close:	82.12	**N** Avg Vol (3m):	6,924,610
G Open:	81.08	**O** Market Cap:	35.10B
H Bid:	81.25 × 700	**P** P/E (ttm):	53.61
I Ask:	81.26 × 100	**Q** EPS (ttm):	1.52
J 1y Target Est:	93.68	**R** Div & Yield:	N/A (N/A)

A. 公司名称及股票基本信息。本例中该股票由 Amazon.com 公司发行。括号内列出股票交易所的简称和股票代码。NasdaqGS 表示该股票在纳斯达克上市。如果股票在纽约股票交易所上市则显示 NYSE。AMZN 是该股票的代码。
B. Real-Time：股票的实时成交价、价格变动百分比及成交时间。如果实时成交价高于上个交易日收盘价，则该栏显示绿色向上箭头；如果实时成交价低于上个交易日收盘价，则该栏显示红色向下箭头。该表显示，AMZN 的实时成交价是 81.84 美元，比上个交易日收盘价下跌 0.34%。该笔交易发生在早上 10 点 40 分（我们截图的时间）。单独列出实时成交价是因为其它栏提供的信息都是延迟的。
C. Last Trade：（延迟的）最近成交价。大多数免费网站显示的最近成交价都是延迟 15 分钟以上的。
D. Trade Time：交易时间。该栏显示的是 C 栏中成交价的发生时间。本例中最近成交价的发生时间是早上 10 点 25 分，比当前时间 10 点 40 分早 15 分钟，也就是说，C 栏的最近成交价比 B 栏的实时成交价延迟 15 分钟。
E. Change：C 栏中的最近成交价相对于上个交易日收盘价的变动百分比。
F. Pre Close：上个交易日的收盘价。
G. Open：本交易日的开盘价。
H. Bid：买入价及买方愿意在该价格上买入的股票数。买入价（**Bid Price**）是买方愿意为该股票付出的最高价格。"81.25×700" 表示买方愿意以 81.25 美元的价格购买 700 股 AMZN。
I. Ask：卖出价及卖方愿意在该价格上卖出的股票数。**卖出价（Ask Price）**是当前卖方愿意卖出股票的最低价格。"81.26×100" 表示卖方愿意以 81.26 美元的价格卖出 100 股 AMZN。
J. 1y Target Est：金融分析师对该股一年后股价预测值的平均数。本例中，分析师们认为 AMZN 一年后的股价将达到 93.68 美元。
K. Day's Range：当天股价范围。本例中，AMZN 当天的股价在 80.49 美元到 82.04 美元之间波动。
L. 52wk Range：股价在过去 52 周（即一年）内的变动范围。
M. Volume：从当天开盘到现在的累计成交量。
N. Avg Vol (3m)：过去 3 个月里平均每天的成交量。
O. Market Cap：股票的市场价值，等于股价乘以股票数。本例中，AMZN 的市场价值是 351 亿美元。35.1 后面的大写字母 B 是 Billion（十亿）的缩写。如果数字后面是大写字母 M，则表明该数值的单位是百万（Million）。
P. P/E(ttm)：历史市盈率。括号中的 ttm 是 trailing 12-month 的缩写，表示该市盈率是用股价除以过去 12 个月的每股利润而得。
Q. EPS(ttm)：每股利润（过去 12 个月），等于过去一年的净利润除以股票数。
R. Div & Yield：股息收益率，等于股息除以股价。股息是每股在一年之中获得的全部股息，即四个季度的股息之和。

4. 美股投资的互联网资源

下面列出一些有助于投资者获取信息和从事研究的互联网网址。此外，我们还在美股 168 列出随时更新的网址链接。网址是 www.meigu168.com/web.htm。

财经新闻及股价查询：经济、行业及公司新闻报导及分析、股价查询。

  雅虎财经：news.yahoo.com/business
  彭博社：www.bloomberg.com/news/economy
  CNN：money.cnn.com/news/economy
  路透社财经及行业新闻：www.reuters.com/finance
  华尔街日报（最主要的财经报纸）：www.wsj.com
  CNBC（最主要的财经新闻电视台）：www.cnbc.com

股价图表：股市指数及个股的走势图和技术分析指标。

  StockCharts：www.stockcharts.com
  FreeStockCharts：www.freestockcharts.com

盘前盘后股价查询：开盘前后股票的成交价格。

  纳斯达克：dynamic.nasdaq.com/aspx/extendedTrading.aspx

经济日历：重要经济指标的发布时间、市场预期值和实际值。

  雅虎财经：biz.yahoo.com/c/e.html
  彭博社：www.bloomberg.com/markets/ecalendar/index.html
  Brifing：www.briefing.com/Investor/Public/Calendars/EconomicCalendar.htm
  CNN Money：money.cnn.com/data/irc/index.html
  Econoday：mam.econoday.com/byweek.asp?cust=mam

行业研究：各行业的上市公司、行业新闻及数据。

  雅虎财经：biz.yahoo.com/ic
  彭博社：bloomberg.com/news/industries/index.html

公司盈利公布日程表：上市公司公布盈利的日期、市场预测值以及实际值。

  Earnings.com：www.earnings.com
  雅虎财经：biz.yahoo.com/research/earncal/today.html
  MSN：moneycentral.msn.com/investor/market/earncalendar

每股利润的耳语数字：私下相传的每股利润预测值以及实际值。
  Whisper Number：www.whispernumber.com
  Earnings Whispers：www.earningswhispers.com

投资术语解释：查阅投资术语的解释。
  维基百科：www.wikipedia.org
  投资者百科：www.investopedia.org

股票筛选器：筛选符合某些条件的股票。可以设定的条件包括总市值、股票所属行业、市盈率、股息率和利润增长率等。
  雅虎财经：screen.yahoo.com/stocks.html
  MSN：moneycentral.msn.com/investor/finder/customstocksdl.asp
  谷歌财经：www.google.com/finance/stockscreener

基金筛选器：筛选符合某些条件的基金。可以设定的条件包括投资类别、基金家族（即基金管理公司）、历史收益排名和收费情况等。
  Morningstar：screen.morningstar.com/FundSelector.html
  雅虎财经：screen.yahoo.com/funds.html
  Forbes：www.forbes.com/finance/screener/Screener.jhtml

证券监管机构、交易所及防范欺诈：
  证券交易委员会：www.sec.gov
  证券投资者保护公司：www.sipc.org
  金融行业监管局：www.finra.org
  纽约股票交易所：www.nyse.com
  纳斯达克市场：www.nasdaq.com
  柜台电子公告板市场：www.otcbb.com
  投资者保护信托：www.investorprotection.org
  北美证券管理协会：www.nasaa.org
  证券行业和金融市场协会：www.sifma.org
  投资者教育联盟：www.investoreducation.org
  全国消费者联盟反诈骗中心：www.fraud.org

税务：包括税务机关以及报税软件。
  联邦税务机关：www.irs.gov

TurboTax（适合普通人士报税）：turbotax.intuit.com
TaxCut（适合普通人士报税）：www.hrblock.com/taxes/products/34.html
Gainskeeper（适合活跃交易人士报税）：www.gainskeeper.com
Tradelog（适合交易量大的人士报税）：www.armencomp.com/tradelog
AccuBasis（适合长期持股人士报税）：www.accubasis.com
Quicken（个人理财报税）：www.quicken.intuit.com

期权信息：包括期权知识、策略以及报价。

期权行业理事会：www.optionseducation.org
期权策略：www.theoptionsguide.com
雅虎财经：biz.yahoo.com/opt

一些中文网站也开设了美股新闻和分析频道。但在信息的及时性和全面性方面不如英文网站。主要的中文美股信息网站有：

新浪网美股频道：finance.sina.com.cn/stock/usstock
雅虎财经美股频道：biz.cn.yahoo.com/stock/amer.html
金融界美股频道：usstock.jrj.com.cn
华尔街日报中文版：chinese.wsj.com/gb
阔网财经：www.quote123.com

5. 交易指令

选好股票后，下一步就是向券商发出交易指令了。下面介绍几类主要的交易指令。这几类指令都可用于进行买入、卖出和卖空交易。

市价指令（Market Order）是指以当前市场价格买进或卖出股票的指令。一般情况下，当客户发出市价买入指令，股票经纪会以卖方的要价（即卖出价）买入股票；当客户发出市价卖出指令，经纪人会以买方的出价（即买入价）卖出股票。市价指令的优点是只要市场上有人在卖出或买进同一只股票则几乎都能迅速成交；缺点是交易者无法控制成交价格。当股价变动迅速或是委托买卖的金额较大时，实际成交价格可能会与下单前所看到的市场价格不同。

限价指令（Limit Order）是指以不高于限定价格买进或以不低于限定价格卖出股票的指令。这类指令的优点是交易者可以控制买进或卖出股票的价格；缺点是如果市场价格达不到限定价格则可能失去获利机会。例如，股票XYZ的当前股价是60美元。投资者A发出以58美元买进100股XYZ的限价指令。如果XYZ没有跌至58美元而是持续上升，则该限价指令没被执行。该投资者因此失去获利机会。

在不同的市场状况下使用限价指令会有不同的结果。当股价横盘上下波动时，限价指令可以降低买入成本或提高卖出价格。可是当股价持续上升或持续下跌时，限价指令则可能导致投资者买不到价格持续上涨的股票，却买到价格持续下跌的股票。所以，限价指令适用于横盘上下波动的市场。

止损指令（Stop Order） 是要求经纪人在股价向下（向上）触及指定价格时卖出（买进）股票的指令，其目的在于保护已获得的利润或避免亏损扩大。假设一只股票的当前价格是 100 美元，投资者 Adam 持有 200 股该股票。为避免损失过多，Adam 下达了止损价是 92 美元的止损卖出指令。当股价下跌至 92 美元时，卖出指令立即生效，该股票按市场价格卖出，从而避免股价进一步下跌造成的损失。但是，如果该股票价格在跌至 92 美元触发卖出指令后反弹回 100 美元，则投资者由于股价短期下跌而低价卖出股票。对于大多数股票来说，设定止损价格为低于当前价格 7% 到 8% 的止损卖出指令可以避免损失扩大并减少由于股价短期下跌而低价卖出股票的几率；对于波动幅度较大的股票，可以设定 10% 或更高的止损范围。

在不同的市场状况下使用止损指令会有不同的结果。当股价持续上升或持续下降时，止损指令可以保护投资者已获得的收益或减少损失扩大；而当股价横盘上下波动时，止损指令则可能在股价短期内下跌时低价卖出股票。所以，止损指令适用于持续上升或下降的市场。

止损限价指令（Stop-Limit Order） 是一种将止损指令和限价指令相结合的指令。一旦股价到达指定的止损价格，止损限价指令就会转变为以限定价格（或更好的价格）买进（或卖出）股票的限价指令。这类指令的好处在于交易者可以在一定程度上控制股票的成交价；缺点在于如果股价达不到指定的价格范围则该指令将不会被执行。例如，投资者 Adam 持有当前价格为 80 美元的股票 XYZ。为避免损失过多。该投资者下达止损价格（Stop Price）为 73 美元，限定价格（Limit Price）为 72 美元的卖出 200 股 XYZ 的止损限价卖出指令。当股价跌破 73 美元时，交易指令转变为限价卖出指令，即以不低于 72 美元的价格卖出 XYZ。如果市场上有买方愿意以 72 美元或更高的价格买入该股票，则卖出指令将被执行。但如果某天开盘时股价直接跌至 70 美元，虽然由于股价低于止损价格（73 美元）而使得限价指令生效，但由于价格低于 72 美元，指令不被执行。所以，当股价快速变动时，该指令可能失去避免损失的作用。

跟踪止损指令（Trailing Stop Order） 是指止损价格随股价变动而变动的止损指令。投资者可以选择低（高）于当前股价的一定百分比或一定金额作为止损卖出（买入）价格。例如，5% 的跟踪止损卖出指令表示低于最高价 5% 时卖出。对于跟踪止损卖出指令，当股价上升时，止损卖出价也随之上升；但当股价下跌时，止损卖出价不变。例如，股票 XYZ 的当前价格是 20 美元。投资者 Adam 下达低于股价 1 美元的跟踪止损卖出指令。则在当前股价下，止损价格为 19 美元（= 20 - 1）。如果股价上升到 30 美元，那么止损价格变为 29 美元（= 30 - 1）。但是，如果股价并不上涨，而是下跌至 19.5 美元，则止损价格不变，仍为 19 美元。对于跟踪止损买入指令，当股价下跌时，止损买入价也随之下降；而当股价上升时，止损买入价不变。

跟踪止损指令与一般止损指令相比的优点在于省去交易者调整止损价格的麻烦。对于股票持有者来说，止损卖出价随着股价上涨而上调有利于在股价开始下跌时卖出以保证既得的利润；对于股票卖空者来说，止损买入价随着股价下跌而下调有利于在股价开始上涨时平仓以保证既得的利润。

投资者可以设定交易指令的有效期。**当天有效指令（Day Order）**是指如果没被执行则将在当天收盘时失效的指令。**长期有效指令（Good-Til-Canceled Order）**，简写为 GTC，是指只要没被取消就一直有效的指令。

附带条件的指令（Contingent Order）指的是只有满足另一条件才执行的指令。比方说，只有当股票 A 被卖出才执行买入股票 B 的指令。常见的附带条件有：**整批交易指令（All-or-None Order）**是指要么接受整批交易，要么不交易的指令。比如说一个以 60 美元买入 200 股的整批指令，要么一次交易 200 股，要么不交易，而不接受分批交易，如 60 美元 120 股加 60.01 美元 80 股；**执行或取消指令（Fill-or-Kill Order）**指的是要么立即以市场价成交要么取消的指令。

6. 税务

税务是每个投资者都必须面对的问题。美国税法条文繁杂、豁免和例外规定众多而且每年都有不同程度的修改。本节对当前联邦税法的基本原则作简要介绍。掌握这些基本原则已经可以满足一般投资者的报税需要。如果遇到更复杂的情况，请咨询合格的税收专业人士。

美国税法规定，如无特殊情况，纳税人应在每年 4 月 15 日前向联邦税务机构 IRS（Internal Revenue Service）申报上一年的个人收入并缴清个人所得税。需要延迟缴税的，应在报税截止日前向 IRS 提交 Form 4868 申请。如果一年中欠税额（即应交税款减预扣税款后剩余部分）累计超过 1,000 美元，则应在三个月内缴足。否则来年报税时可能要交罚款（具体规定见 IRS 出版的 Form 1040-ES Instruction）。

投资收益是否应纳税和适用的税率视投资者个人具体情况而定。股票投资方面应缴税的收入主要有资本损益和股息收入。

资本损益是指买入成本与卖出所得之间的差额。当卖出所得高于买入成本时称为**资本利得（Capital Gain）**。在计算买入成本和卖出所得时，应包括佣金等交易费用。如果投资者持有的股票价格上涨，但并未卖出该股票，则这种收益只是账面上的增值，称为未实现的资本收益（Unrealized Gain）。当该投资者卖出价格上涨的股票获利，这种收益称为实现了的收益（Realized Gain）。未实现的资本收益无须缴税，同样道理，未实现的资本亏损也不能用于抵减收入。只有实现了的收益才需要缴税，只有实现了的亏损（Realized Loss）才可用于抵减收入。例外的情况是选择以市值计价法报税的职业交易员。以**市值计价法（Mark-to-Market）**报税是指按照市场价值计算资本损益，并且所有损益一律作为实现了的损益来计算应缴税款。IRS 的 Publication 550 对如何界定职业交易员有较详细的规定。要选择以市值计价法的交易员应提前向 IRS 申请。例如，要用市值计价法计算 2009 年的资本利得税则要在 2009 年 4 月 15 日前提出。除非特别说明，本书后面提到的资本利得和亏损都是指已实现的利得和亏损。

资本损益按投资者持有证券的时间长短分为长期资本损益和短期资本损益。**长期资本损益**是指持有期超过一年的投资所实现的收益或亏损；**短期资本损益**是指持有期在一年或一年以内的投资所实现的收益或亏损。对于美国公民，长期资本利得适用的税率一般低于短期资本利得的税率。对于非居民外国人，两种收益一般按相同的税率课税。本书在后面讨论不同身份纳税人适用的税法时再作进一步介绍。

税法将股息分为两种：1）合格股息（Qualified Dividend）。这类股息适用的税率与资本利得相同；2）普通股息（Ordinary Dividend）。这类股息适用的税率与其他收入相同。合格股息的税率一般低于普通股息。IRS 出版的 Schedule D 填表指引中有如何界定合格股息的说明。而且，券商每年寄给客户的 1099-DIV 表格中会将股息进行分类。

资本收益分配（Capital Gain Distribution）：共同基金或其它受美国法律管制的投资公司派发的长期资本收益分配应当按资本利得课税；这些机构派发的短期资本收益分配应按股息征税。

冲洗交易（Wash Sale）是指投资者在亏损卖出某只股票[①]的前后 30 天里（包括交易日总共 61 天）买进相同（或基本相同）的股票或该股票的期权。冲洗交易中的亏损不能用于抵减当期应税收入。例如，投资者 Adam 卖出 100 股 XYZ，每股亏损 1 美元。两天后买回 60 股 XYZ。这种情况下，第一笔交易卖出的股票中 60 股造成的亏损不能用于抵减当期应税收入，而是加入到第二笔交易的买入成本之中。所以，在 Adam 最终卖出 60 股 XYZ 前，其可抵减收入的亏损为 40 美元（=40 股×1 美元）。换言之，第一笔交易产生的未抵减亏损将推迟到该股票最终被卖出时实现。同样道理，如果投资者在卖出股票的前后 30 天内买入该股票的看涨期权，则卖出股票产生的亏损也不可用于抵减当期的应税收入。但是，如果投资者采用前面提到的市值计价法报税，则投资的盈亏是根据资产的实际市场价值来计算，而不适用冲洗交易规定。冲洗交易规定的目的是防止投资者为了达到少缴税的目的而卖出处于亏损状态的股票。

---

① 这一规定也适用于债券和期权等其它证券。

不同类别纳税人适用的税收规定

美国税法将纳税人身份归为三类：美国公民（Citizen）、居民外国人（Resident Alien）和非居民外国人（Non-Resident Alien）。居民外国人和美国公民在纳税方面适用相同的条例，无论收入是否来源于美国都应缴税；非居民外国人只对来源于美国的收入缴税。一般来说，持有美国绿卡的外国公民和长期居留美国的非绿卡外国公民被归为居民外国人。具体规定请参阅 IRS 的 Publication 519。

美国公民和居民外国人适用的税法规定如下：

> - 边际税率等于或低于 15% 的纳税人，长期资本利得税率为零。边际税率更高的纳税人，长期资本利得税率为 15%。短期资本利得按一般收入的税率课税，但最高不超过 35%。这一税率将在 2012 年失效，届时税率可能变化。
> - 从 2008 年到 2012 年，非合格股息按一般收入的税率课税；边际税率低于 25% 的纳税人，合格股息的税率为零；边际税率等于或高于 25% 的纳税人，合格股息税率为 15%。
> - 投资净亏损可用于抵减其它应税收入。目前每年最高抵减额度为 3,000 美元（如果已婚但夫妻分开报税则抵减额为 1,500 美元）。如果当年投资亏损超过抵减限额，多出的部分可用于抵减以后年份的收入直至全部亏损抵减完。每年的抵减额不超过当年允许的抵减额。如果净亏损是长（短）期亏损则未来先用于抵减长（短）期资本利得，剩下的才用于抵减短（长）期资本利得。
> - 退休账户的税收规定：Roth IRA 账户上的股票收益免税。存入 Roth IRA 账户的钱是税后收入，投资者不能用存入 Roth IRA 的资金抵减当年的应税收入；投入传统 IRA 账户的资金可用于抵减当年应税收入。
> - 一般用 Form 1040 申报所得税。普通投资者在 Schedule D 填报资本损益，在 Schedule B 填报股息；选择市值计价法报税的职业交易员在 Form 4797 的 Part II 填报交易账户内证券的损益（包括实现的和未实现的损益），而在 Schedule D 填报投资部分证券的损益。
> - 利息和其它与投资相关的支出（计算机折旧等）可用于抵减应税收入，普通投资者在 Schedule A 填报。职业交易员在 Schedule C 填报。

对于非居民外国人，股票收益一般归为与美国贸易和商务无实际关联的收入[①]，原则上按划一税率课税。如果纳税人国籍所在国与美国订有税务协定，则遵照税务协

---

① 美国税法对非居民外国人从美国获得的收入分两种情况征税：1）与美国贸易和商务有实际关联的收入（Income Effectively Connected With a U.S. Trade or Business）。这类收入按累进税率课税，税率与美国公民的税率一致；2）与美国贸易和商务无实际关联的收入（Income Not Effectively Connected With a U.S. Trade or Business）。IRS 出版的 Publication 519 对如何界定两类收入有较详细的说明。

定指定的税率。在少数情况下，如果投资者能证明证券投资收益与美国贸易和商务有实际关联，则适用累进税率。以下是与非居民外国人相关的税法规定：

> 如果该年在美国居住不满 183 天，则资本利得税率为零。
> 对于该年在美国居住满 183 天的人士，如果投资者的国籍所在国与美国的税务协定中规定了税率则适用税务协定的税率；如果无税务协定，则资本利得按划一税率 30%课税。中国公民适用的税率为 30%。
> 一般用 1040NR 申报所得税，投资收益在该表第 4 页填写。
> 如果投资者是中国公民，合格股息和非合格股息的税率都为 10%。其它国家公民遵循其国籍所在国与美国的税收协定。与美国无税收协定的国家的公民，股息按划一税率 30%课税。
> 银行利息免税：银行、信用社（Credit Union）、储贷银行（Savings and Loans）等信贷机构支付的利息无须纳税。
> Publication 519 中规定的外国公司在美国支付的股息免税。
> 1984 年以后发行的债务支付的组合利息免税。Publication 519 对组合利息（Portfolio Interest）的界定有详细的解释。
> 银行利息和组合利息以外的其它利息收入按划一税率课税。中国公民适用的税率为 10%，其它国家公民遵循其国籍所在国与美国的税收协定。如国籍所在国与美国无税收协定，则适用 30%税率。
> 投资净亏损不能用于抵减其它应税收入或下一年的投资收益。

美国政府与一些国家的政府订有**税收协定（Tax Treaties）**。这些税收协定给予外国居民税收减免的优惠。如果投资者国籍所在国与美国没有税收协定，则遵循美国税法对外国纳税人的一般规定执行，即按照 30%划一税率课税。按照目前中美之间的税务协定，中国籍非居民的资本利得适用 30%税率，股息适用 10%的税率。本书附录 A 列出了美国与各个国家之间税收协定中与投资收益相关的税率。更详细的内容请查阅 IRS 出版的 Publication 901。另外，税务协定还对来自一些国家的学生和从事教师、研究人员和学徒等职业的纳税人给予不同程度的税收减免。来美从事以上事务的中国公民可额外获得 5,000 美元的免税额。

交易频繁的读者可以使用专业软件协助报税。本章第 6 节列出 Forbes 杂志推荐的四款软件及其网址。这些软件的功能包括将交易项目分类列出、计算较复杂的投资收益、与通用报税软件衔接等。

IRS 提供免费热线电话解答税务问题。个人税问题请拨 1-800-829-1040；公司税问题请拨 1-800-829-4933；有税收豁免权的机构请拨 1-800-829-4933。还可预约免费面谈咨询税务问题。详情请查阅 IRS 的网页（www.irs.gov/contact/index.html）。

7. 投资者常犯的错误

以下是投资者常犯的一些错误。避免这些错误有助于提高投资收益和避免亏损。

- 没有预定的策略或计划。没有制定策略或计划就进入股市就像在茫茫大海中漫无目的地游荡，很容易受情绪影响作出错误的投资决策。投资者应当制定一个投资计划。在计划书中设定合理的投资目标、明确能够承受的风险、何时需要现金以应付生活需要。最好能选择恰当的股价指数作为基准指数，以便定期检查投资业绩。
- 投资过度集中。过多地将资金集中到某只或某类股票中会导致风险过高。将资金分配到几个不同领域可以降低风险。投资专家们常说的"不要将所有鸡蛋都放在一个篮子里"讲的就是这个道理。
- 依赖新闻媒体或小道消息。新闻媒体报道的是已经发生的事情，所以往往是滞后的。例如，股价上涨（下跌）之后，媒体才会大量报导并总结股价上涨（下跌）的原因。而这些影响股价的因素往往在报导的时候已经反映在股价上了。小道消息往往在你知悉以前已经被很多人获悉，所以仅凭媒体报道或小道消息就急于买卖往往会成为高价接盘者或低价卖出者。投资者应当独立思考和分析后才作投资决策或坚持既定的投资计划。本书介绍的股票投资分析方法和策略可作为投资者分析和决策的依据。
- 期望过高。过高的期望容易导致投资者急于投资高风险股票以获得高收益。结果往往事与愿违。高风险股票虽然收益较高，但是其价格突然大幅下跌的可能性也很大。一旦发生亏损，可能需要很长时间才能恢复。所以说，欲速则不达。投资者对股票收益的期望应以市场平均收益为准。

8. 防范欺诈和维护自身合法权益

虽然美国是个法制健全的国家，但是欺诈和盗窃等活动仍然无法避免。以下是一些如何防范欺诈和维护自身合法权益的建议。

- 警惕不速之客的电子邮件或电话。一些行骗者冒充券商或银行职员，以电话或电子邮件方式要求收到电话或邮件的人提供个人信息。制造各种借口或制造紧张气氛促使目标上当以窃取其钱财。读者切记不要向陌生人透露个人信息，而应先核实该公司是合法经营的公司并拨打电话黄页中该公司的客户服务电话号码进行核实。
- 了解券商或投资顾问的背景。正如我们在前面提到的，联邦和州的证券法都要求券商和投资顾问必须拥有从业许可。投资者可以在 FINRA 的网站上查阅券商的营业许可和违法违规记录。网址是

www.finra.org/Investors/ToolsCalculators/BrokerCheck/index.htm。投资者还可访问 SEC 网页查询投资顾问的营业许可和历史记录。网址是 www.adviserinfo.sec.gov/IAPD/Content/Search/iapd_OrgSearch.aspx。

> 不投资于不熟悉的产品。在投资每一个金融产品（无论是股票、债券、保险还是结构性投资产品）以前，投资者都应该了解该产品投资于哪些领域、如何产生收益和有哪些风险。轻信销售人员而购买自己不熟悉的投资产品很可能会花高价钱买回用处不大的产品甚至造成巨额亏损。

> 警惕价格操纵陷阱。常见的价格操纵陷阱有两类：1）哄抬股价然后抛售（Pump-and-Dump）。操纵者首先买入某只股票，然后通过互联网和电子邮件等方式散布关于该股票的虚假利好消息以吸引投资者购买。当大量买盘将股价推高后，操纵者卖出股票获利。当利好消息被证实是假消息，股价回落，跟风买进股票者蒙受损失；2）卖空压低股价然后买回（Short-and-Abort）。操纵者卖空某只股票后散布关于该股票的虚假坏消息以造成恐慌性抛售。当大量卖盘将股价压低后，操纵者得以低价买回股票平仓。股价和总市值都较低的股票较容易被操纵。所以，读者应避免在股价和市值低的股票上投入过多资金，也不要轻信小道消息。

> 了解投资法规和执法部门以维护自身合法权益。SEC 是美国证券行业最主要的执法机构，也是保护投资者的最重要机构之一。投资者可以在 SEC 的网页找到大量关于如何防范欺诈和金融市场如何运作的文章。投资者可以致电 SEC 询问一些投资产品以及券商和投资顾问某些行为的合法性。如果已经受到损害，可以致电 SEC 寻求帮助。此外，投资者还可以向 FINRA 和 SIPC 等机构寻求协助。各个州证券执法机构的联系方式可以在 NASAA 的网页查找。网址是：http://www.nasaa.org/QuickLinks/ContactYourRegulator.cfm

第五章 基本面分析

基本面分析法（**Fundamental Analysis**）是通过分析经济环境和公司财务状况以确定股票合理价值的方法。基本面分析可以按研究顺序分为由上而下和由下而上两种方法。**由上而下**（**Top-Down**）分析法是指按照"宏观经济 – 行业 – 公司"的顺序依次研究的方法。其理论依据是宏观经济环境能对各个行业产生不同程度的影响，而行业状况又能影响公司的经营业绩。按此顺序可以找到最佳行业中最值得投资的公司。

由下而上（**Bottom-Up**）分析法则直接分析个体公司的经营业绩以判断其是否值得投资。这种分析法的支持者认为现代金融市场信息传递和资金流动效率非常高，发生某个行业价值被低估的情形并不多见。具有良好内在素质（例如商业模式和管理团队等）的公司能在各种环境下表现优于其它公司。所以，外部因素（宏观经济和行业发展状况）并不重要。只要找到内在素质良好但价值被低估的公司就能获得高于市场平均水平的回报。由下而上的分析法要求投资者从大量公司中发掘投资对象并要掌握公司的详细资料，因此工作量较大。

由上而下的分析方法比较直观和易于操作，在投资实践中广泛应用。本章将从股票的定价法入手，按由上到下的顺序依次介绍宏观经济分析、行业分析和公司分析。

1. 股票定价法

长期来说，股票价格围绕其内在价值上下变动。判断一只股票好坏的标准是股价是否低于其内在价值。好公司不等同于好股票；坏公司也不等同于坏股票。一家优秀的公司可能会由于被市场追捧而股价大大高于其内在价值，其股票未来收益率可能很低甚至为负值；而一家业绩差的公司可能会由于股价低于其内在价值而股票未来收益很高。**股票投资的原则是投资于股价低于内在价值的股票**。股票的价值在于其能产生未来收益。由于未来收益的不确定性，不同的股票分析师对同一只股票的价值看法可能相差很大。判断股票价值的方法主要有两类：相对价值定价法和绝对价值定价法。

相对价值定价法是指通过将一只股票与类似的股票进行比较来决定其价值水平。就好比选购汽车，消费者可以通过对比选出一辆性能价格比最佳的汽车，而无须知道汽车的实际生产和销售成本。同样道理，投资者也可以通过对比同类股票选出价格与收益相比最低的股票，而无须知道该股票到底值多少钱。投资者可以将两只类似的股票（例如可口可乐和百事可乐）相比，也可以将一只股票与其所在的行业、甚至整个股市的平均值相比。

市盈率（P/E Ratio）是最常用的比较股票价格水平的指标。如果股票 ABC 的市盈率是 20 倍而 ABC 所在的行业股票的平均市盈率为 16 倍。则表明每 1 美元 ABC 的利润在市场上卖 20 美元。而 1 美元同行其它股票的利润只卖 16 美元。从这点来看，股票 ABC 的价格似乎较高。由于不同行业和规模的公司在盈利能力、增长潜力和风险方面的差异，其市盈率可能相差较大。高科技行业和一些小型股由于利润增长空间大，市盈率可以大大高于市场平均市盈率。所以，进行比较的股票最好是各方面属性相似的股票。除了市盈率外，其它用于比较股票价格水平的指标还有股价-现金流比例、股价-账面价值比例和股价-销售收入比例等。

绝对价值定价法是指将股票产生的未来净现金收入折算为股票现在的价值的方法。这种由未来收入折算得到的股票价值称为股票的**内在价值**（Intrinsic Value）。当股票价格高（低）于其内在价值时，表明该股票价值被市场高（低）估。投资者如果买入价值被市场低估的股票，并在该股票的价格上升到与其内在价值相等时卖出，就可以获得高于市场平均回报率的收益。

对于投资者而言，股票产生的现金收入包括股息和卖出股票时获得的收入。所以，股票的价值可以根据**股息贴现模型**（Dividend Discount Model）计算而得：

$$V_0 = \frac{D_1}{(1+k)} + \frac{D_2}{(1+k)^2} + \frac{D_3}{(1+k)^3} + ... + \frac{D_n}{(1+k)^n} + \frac{V_n}{(1+k)^n} \quad (1)$$

其中，V_0 表示股票的现在价值；V_n 表示股票 n 年后的价值；D_1、D_2、D_3...D_n 分别表示 1 年、2 年、3 年...n 年的股息收入；k 表示投资者期望的投资回报率。大多数情况下，人们假设一家公司会一直存活并且股息随着公司利润的上升而增长。经过一些数学变换，公式（1）可以转化为**戈登模型**（Gordon Model）：

$$V_0 = \frac{D_1}{k-g} \quad (2)$$

其中，g 表示未来股息的增长率。其它字母定义同上。假设股票 XYZ 过去一年的股息是 1.2 美元。分析师们预计其股息将以每年 8% 的速度上涨。投资者期望能获得 15% 的年投资回报率。据此，我们可以先算出未来一年的股息为：

$D_1 = D_0 (1+g) = 1.2 \times (1+0.08) = 1.296$

然后根据戈登模型计算出该股票的价值为：

$$V_0 = \frac{D_1}{k-g} = \frac{1.296}{0.15-0.08} = 18.51 \text{ 美元}$$

戈登公式中有两个需要投资分析师估计的关键变量：期望的投资回报率（k）和股息增长率（g）。其中 k 由以下三个因素决定：

> 真实无风险利率越高，期望的投资回报率越高。**真实无风险利率**（Real Risk-Free Rate）是指在没有通货膨胀和违约风险情况下的利率水平。一般用美国联邦政府发行的短期债券利率作为真实无风险利率。

> 预期通货膨胀率越高,期望的投资回报率越高。**通货膨胀率(Inflation Rate)** 是指以百分比表示的整个经济体平均价格水平上涨的速度。物价上涨越快,投资者要求越高的回报以补偿货币贬值带来的实际购买力下降的损失。
> 风险酬金越高,期望的投资回报率越高。风险酬金是承担风险所获得的补偿。风险越高,投资者要求的补偿越高。例如:小型科技股风险高于蓝筹股,所以其风险酬金高于后者。当经济衰退的风险增大时,风险酬金也上升。

股息的增长率(g)受留存收益和资本投资回报率影响。公司将利润留存下来用于再投资(即减少当前股息的发放)有利于增加未来利润,从而提高未来股息。资本投资回报率越高,则可用于派发股息的利润越高。股息增长率的计算公式如下:

股息增长率 = 利润留存比例 × 股本回报率

其中利润留存比例(**Retention Rate**)是利润中未以股息形式派发而留存下来的部分占当年全部利润的比例。**股本回报率(Return on Equity)** 是每一美元股本①所产生的年度利润,等于每股年度利润除以总股本。

很多股票的股息增长率并非一成不变。分析师可以通过灵活运用股息贴现模型以使得计算结果接近实际情况。例如,假设一家公司未来两年里股息将以25%的速度上涨,两年后股息增长率变为5%。这种情况下,分析师可以分两个阶段计算股票的价值。先用戈登模型计算出该公司两年后的价值,然后将两年后的价值与未来两年的股息代入公式(1)计算出当前价值。

2. 宏观经济分析

股票价格反映了投资者对公司未来利润收入的预期。而宏观经济环境能对行业和公司的发展产生重大影响:经济增长强劲(乏力)时,大多数行业和公司的销售收入和利润都上升(下降)。所以,宏观经济环境是决定股市走势的重要因素。宏观经济分析的主要目的是判断当前经济状况并预测经济发展趋势。当分析表明经济衰退的可能性增加时,应当将资金由股票转移到国债等安全等级高的债券或提高防御型股票在股票投资组合中的比例;当分析表明经济活动将更加繁荣时,可以增加对股票的投资或提高周期型股票在股票投资组合中的比重。如果从全球化的角度进行资产配置,那么,在全球经济走向繁荣时,可适当增加对新兴经济体股市的投资,因为这些经济体比发达国家更能从经济增长中获益。

经济运行并非直线上升,而是周期地扩张和紧缩,循环往复。这种现象称为**经济周期(Business Cycle)**。经济周期可以大致分为繁荣、衰退、萧条和复苏四个阶段。

---

① **股本(Equity)** 是指总资产减去负债后剩余的部分。

判断一个经济体所处的经济周期阶段的主要经济指标是国内生产总值[①]。其它判断指标还有失业率、国民收入和工业产值等。表 5-1 列出经济周期不同阶段的一些特征。

表 5-1 经济周期不同阶段的特征

经济周期	繁荣	衰退	萧条	复苏
国内生产总值	波峰	下降	波谷	上升
失业率	波谷	上升	波峰	下降
通货膨胀率	高	下降	低	上升
国民收入	波峰	下降	波谷	上升
消费和投资需求	旺盛	下跌	低迷	上升

经济指标是宏观经济分析的重要工具。同时，经济指标的发布能改变投资者对经济前景的预期，从而影响股价。股价的变动取决于实际公布值与市场预期值的差别，而不是所公布数字的绝对值。例如，如果市场普遍认为上季度的工业生产总值将下降 3%，而报告显示下降 2%。产值的下降虽然表明经济处于衰退之中，但由于下降的幅度小于市场预期，该指标的公布可能带动股价的上扬。不少公司和机构专业从事对经济指标的预测。Briefing.com 等调研公司则在指标公布前询问一些专家对指标的预测并据此估计市场对经济指标的预期值。投资者可以通过雅虎财经提供的经济日历了解主要经济指标的发布时间、市场预期值以及实际公布值。经济日历的网址列在第四章第 4 节。经济指标按其与经济周期变动的先后关系可分为三类：

> 先行指标：这类指标的变动往往先于经济周期，可用于预测未来经济状况。由于股票价格反映了人们对未来的预期，所以，股市的变动先于经济周期[②]。因此，在预测股市走势时，人们要分析那些比股市更早地预示未来经济走势的指标。表 5-2 列出了一些常用的先行指标及其预示的信息。

> 同步指标：这类指标的变动往往与经济周期同步，有助于了解当前经济状况。其预测股市的作用小于先行指标。这类指标有国民生产总值（GDP）、国民可支配收入和工业产量等。

> 滞后指标：这类指标的变动往往滞后于经济周期，可用于检验以前对经济预测的准确性。这类指标有平均失业时间、工商业贷款总额、劳动力成本和服务业价格指数等。

---

① **国内生产总值（GDP）** 是指在一个季度或一年内在一国境内生产的全部最终产品和劳务的价值。这是最全面的反映一国经济发展状况的经济指标。
② 平均来说，美国股市的见底回升大约早于经济见底六个月。

表 5-2 常用的经济先行指标及其预示的信息

指标名称	预示的信息
首次失业救济申请数量	数量上升表明企业业务减少，预示经济将下滑
消费品和原材料制造业订单	订单增加预示未来支出增加、经济将上升。
制造商发货速度	发货速度减慢表明供不应求，预示物价将上升。
非军事用途的资本品订单	订单增加预示未来生产和支出增加、经济将上升。
新签发的民用建筑开工许可数量	许可数量上升预示经济将上升。
消费者信心指数	消费者信心增强将带来消费增加，预示经济将上升。
长期利率和短期利率之差	正常情况下，长期利率高于短期利率。差额增大预示未来经济增长加快。如果长期利率低于短期利率则预示经济衰退。
制造业工人每周工作时间	工作时间延长表明产能上升，预示经济将上升。

下面介绍影响股市的七类经济指标。我们将股市对经济指标报告的反应大致区分为"非常强"、"强"、"中"和"弱"[①]。为方便读者速查，我们在表 5-3 列出这些经济指标的名称、发布时间及股市对其反应程度。

就业状况

经济增长强劲时，失业率下降；劳动力供不应求时，工资和物价水平快速上升，导致通货膨胀率和利率过高；经济衰退时，失业率上升，居民收入下降导致消费需求的萎缩。最重要的就业指标报告是每月就业形势报告和每周失业保险申请数。这两份报告能对股市产生显著影响。

就业形势报告（Employment Situation Report） 由劳工部发布，是十分重要的经济报告。股市对该报告的反应："非常强"。一般认为就业的增长会带来收入上升，收入上升带来消费支出的增加。而消费的增加会带动企业的销售额和利润的上升。所以就业形势好（差）于市场预期对股市是好（坏）消息。一个例外的情况是经济过热的时候，失业率过低有可能表明劳动力市场过热，会引发工资、通货膨胀和利率的上涨，从而导致股价下跌。

[①] 受其它因素影响，股市对经济指标的每次反应往往不同。我们这里总结的只是一般规律。投资者应当阅读专业人士对每次经济指标的分析。

表 5-3 常见经济指标报告一览表

指标名称	市场反应	发布频率及时间 *
ISM 制造业报告（ISM Manufacturing Survey）	非常强	每月第一个工作日报告上月情况。时间：10:00am
就业形势报告（Employment Situation Report）	非常强	每月第一个星期五报道上个月情况。时间：8:00am
消费者价格指数（CPI）	非常强	每月中旬报告上月情况。时间：8:30am
生产者价格指数（PPI）	非常强	每月第二或第三周报告上月情况。时间：8:30am
每周失业救济申请（Unemployment Insurance Weekly Claims Report）	强 - 非常强	每星期四报道上周（截止星期六）的情况。时间：8:30am
零售业报告（Retail Sales）	强	每月 13 号或前后。时间：8:30am
耐用品订单（Durable Goods Orders）	强	每月第 3-4 周报告上月情况。时间：8:30am
消费者信心指数（Consumer Confidence Index）	中 - 强	每月最后一个星期二报告当月调查结果。时间：10am
国内生产总值（GDP）	中 - 强	季度 GDP 初步估计值在一月、四月、七月和十月的最后一周公布。时间：8:30am
褐皮书（Beige Books）	中	联邦公开市场委员会（FOMC）开会前，每年八次。时间：2:15pm
成品房销售（Existing Home Sales）	中	每月第四个星期报告上个月的情况。时间：10:00am
新房开工和建筑许可（Housing Starts & Permits）	中	每月第二或第三个星期报告三个月的情况。时间：8:30am
国际贸易报告（International Trade）	中	每月第二个星期报告两个月前的情况。时间：8:30am
先行经济指标指数（Index of Leading Economic Indicators）	中 - 弱	每月第三周报告上个月情况。时间：10:00am

* 本表所列的公布时间为美国东部时间。发布机构可能会调整发布时间。
资料来源："The Secrets of Economic Indicators", Bernard Baumohl, Wharton School Publishing, 2004.

该报告的重要性在于：1）每个月结束后一周内公布，公布时间比其它经济报告更早，所以能更及时地反映当前经济状况；2）样本涵盖面广，较准确地反映经济发展和就业市场状况；3）反映居民收入状况，而居民支出占经济产出的 2/3；4）受关注程度非常高。原因是就业与大众生活和经济发展密切相关；5）由于就业数据较难准确预测，公布的数据经常与预测不同，所以数据的发布常常导致股价的显著变动。

分析时要注意：1）就业状况受季节性因素影响；2）数据公布后仍有可能发生重大修正；3）劳动报酬成本部分提供的信息不及雇佣成本指数准确。

每周失业救济申请（Unemployment Insurance Weekly Claims Report）由劳工部发布，反映政府上周收到的失业救济申请数量。股市对该报告的反应："强"。救济申请人数持续上升（下降）反映失业率上升（下降），对股市产生负（正）面影响。当该报告在月中公布时，市场的反应可能非常强烈。例如，当其它经济指标都表明经济状况在恶化时，如果失业救济申请人数低于市场预期，则往往能舒缓股市上的抛售压力，使得股价上升。

该报告的重要性在于：1）由于周报公布频率比月报高，因此能更及时地反映就业市场的变化；2）有助于预测未来经济状况。如果领取失业救济的人数大量上升，未来消费支出可能减少，导致工商业收入减少；3）数据来源于客观统计数据，可信度高于问卷调查得到的报告；4）受关注程度较高。

通货膨胀

通货膨胀（Inflation）是指整体物价水平上涨的速度。物价的温和上涨有利于企业利润的持续增长。上涨过快则会导致企业的生产成本上升过快，损害企业的利润增长。而且，联邦储备银行可能会提高利率以压制通货膨胀率。利率上升会导致企业借贷成本的上升以及资产净现值的下跌[①]。所以，过高的通货膨胀率常常导致股市下跌；另一方面，整体价格水平下降则表明市场需求疲软，企业收入和利润也会下降，导致股价下跌。最主要通货膨胀率指标有消费者价格指数和生产者价格指数。

消费者价格指数（CPI），全称 Consumer Price Index，由劳工部发布，反映消费者日常购买的商品和服务的平均价格变动情况。股市对 CPI 值的反应："非常强"。CPI 增长过快可能导致利率上升，对股价产生负面影响；CPI 下降（即物价水平下降）则导致公司利润下降和失业率上升，也会导致股价下跌；CPI 保持温和的增长（年增长率 1%-2%）有利于股价成长。CPI 包括职员价格指数（CPI-W）和城镇消费者价格指数（CPI-U）。CPI-U 反映的是职员、专业人士和个体经营者采购的价格指数，调查

[①] 证券资产的价值是未来现金流的折现值。所以，利率上升（下跌）会导致证券价格下跌(上升)。关于利率和股票价格的关系，请参阅本书第五章第1节。

的人群范围比 CPI-W 更广，因此更受市场关注。由于食品和能源价格波动性过大，市场人士主要关心的是核心 CPI（Core-CPI），即剔除食品和能源价格变动后的 CPI。

CPI 的重要性在于：1）物价水平关系大众生活，是政府福利开支和很多经济合同定价的重要考虑因素；2）可以从 CPI 数字预测联邦储备银行的未来行动。例如，CPI 过高可能导致联储加息；3）提供较详细的各地区和行业的信息。

生产者价格指数（PPI），全称 Producer Price Index，由劳工部发布，反映企业采购的平均价格变动情况。股市对 PPI 值的反应："非常强"。 PPI 上升表明企业的生产成本上升。虽然企业能够在一定程度内将上升的成本转嫁给消费者，但如果成本增长过快，无法完全转嫁，则企业利润下降。所以，PPI 增长过快会导致股价下跌。至于什么样的 PPI 值较合理目前尚无定论。核心 PPI（Core-PPI），即剔除食品和能源价格后的 PPI，尤其重要。PPI 包括原材料 PPI、半成品 PPI 和最终产品 PPI。其中最终产品 PPI 最值得注意。PPI 的重要性在于：1）能预示未来 CPI 走向（企业由于成本提高而提高产品价格）；2）发布时间早于 CPI，对市场影响更大；3）提供较详细的行业分类信息。

生产状况

产量持续适度上升有利于企业收入和利润增长，对股市是好消息；产量增长过快可能导致原材料、能源和劳动力供不应求而出现高通货膨胀率，对股市是坏消息；产量下降反映经济紧缩，对股市是坏消息。企业库存快速上升反映消费者支出下降，未来产量可能下降，对股市是坏消息；经济衰退后期，企业库存下降并伴随产量上升，反映消费支出开始回升，预示经济开始复苏，对股市是好消息；经济繁荣时，企业库存下降则反映产品供不应求，预示高通货膨胀率，对股市是坏消息。

国内生产总值（GDP），英文全称为 Gross Domestic Product，由商务部发布，是全美国在一个季度或一年内生产的全部最终产品和劳务的价值总和。股市对 GDP 值的反应："中"有时"强"。GDP 是最全面反映经济整体状况的指标，受到政府、企业和投资者的广泛关注。但是，由于 GDP 是季度指标，公布频率比月度指标低。GDP 数据公布前已有不少其它经济信息，所以，股市对 GDP 的反应一般不及一些先行经济指标。但有时 GDP 的公布值与市场预测相差较大时能对股市产生很强的影响。另外，每个季度的 GDP 值一般公布三次：前两次是估计值，第三次是最终的全面统计结果。GDP 的第一次估计值对股市产生的影响大于其后公布的两次修正值。但如果修正值与前一次估计值有较大差异时，也可能产生较大影响。

GDP 增长率反映了整体经济增长的速度。由于 GDP 的增长可能是由于物价上涨导致的，所以，一般提及的 GDP 增长率是指真实 GDP 增长率，即剔除了物价变动因素后的 GDP 增长率。GDP 连续两个季度负增长则表明经济处于衰退期。一般认为，真实 GDP 增长率保持在 2.5% 到 3.5% 之间有利于经济和股市的健康成长。当通货膨胀风险不高时，高于市场预期的 GDP 增长率能促进股价上升；当通货膨胀风险较高（例如真实 GDP 增长率连续几个季度高于 3.5%）时，高于市场预期的 GDP 增长率则可能引发通货膨胀和利率的上升，从而对股价产生负面影响。

耐用品订单（Durable Goods Orders） 由商务部发布，是反映未来制造业乃至整体经济状况的重要先行经济指标。股市对该指标的反应："强"。耐用品一般是指正常使用寿命超过三年的仪器设备。例如飞机、汽车、计算机、通讯设备和大件家用电器等。当经济产能没有被充分利用时，耐用品订单的上升预示未来工厂生产增加和就业率上升。此时，高（低）于市场预期的耐用品订单增长能导致股价上升（下跌）。但是，当经济产能接近饱和时，高于市场预期的耐用品订单增长可能增加市场对高通货膨胀率的担忧，从而对股价产生向下的压力。该指标月度之间波动很大。除了比较月度数据外，还可通过比较年度或季度数据等方法研究其变动趋势。

耐用品订单报告的重要性在于：1）是少数几个较准确地预示未来经济走势的先行经济指标之一；2）很多经济指标都与耐用品订单密切相关。例如就业增长、工业产值、生产效率和利润率等。

ISM 制造业调查报告（ISM Manufacturing Survey） 是由供应管理协会（ISM 或 Institute for Supply Management）在对制造业企业采购经理问卷调查后作出的报告，是最及时的反映制造业状况的经济报告。股市对该报告的反应："非常强"。其中最重要指标的是 PMI。**采购经理指数（PMI）**，全称 Purchasing Manager Index，反映制造业企业在新订单、产量、雇佣、供应商交货和库存五个方面的活动与前一个月相比的变化。PMI 高（低）于 50 表明制造业在增长（衰退）；PMI 连续几个月高于 41.2 则表明整体经济在增长。当经济产能没被充分利用时，PMI 上升预示经济前景良好。此时，高（低）于市场预期的 PMI 值能导致股价上升（下跌）；当经济产能接近饱和时，高于市场预期的 PMI 值可能增加投资者对高通货膨胀率的担忧，从而对股价产生向下的压力。值得一提的是，和其它问卷调查一样，该报告也受主观因素影响。受采访的经理对前景的预期可能与现实情况有偏差。

ISM 制造业报告的重要性有：1）时效性高。投资者可以在每个月第一天了解上个月制造业的情况；2）PMI 是先行经济指标，有助于预测 GDP；3）PMI 是联邦储备银行作决策时考虑的重要因素之一。

先行经济指标指数（Index of Leading Economic Indicators） 是 Conference Board 编制和发布的由 10 个先行经济指标构成的综合指数。该指标是预测宏观经济前景的重要指标。但是，由于构成该指数的 10 个经济指标已经先于该指标发布，市场人士可以在报告发布前估算出先行指数的值。因此，股市对先行经济指数的反应介乎"弱"到"中"之间。

消费支出和消费者信心

美国经济是消费驱动型经济。消费支出占国民生产总值的70%，消费支出的变化能对经济产生十分显著的影响：消费支出持续上升能带动企业利润上升和物价上涨；消费支出下降则可能导致企业收入下降、库存和失业增加。

零售业报告（Retail Sales） 由商务部发布，是最及时的消费支出报告。股市对该报告的反应："强"。通货膨胀率较低时，零售额快速增长能预示企业利润的增加。所以，高于预期的零售额增长率有利于股价上升；在通货膨胀率较高的时期，过快的零售额增长会导致联邦储备银行加息以压制通货膨胀。而利率的增加将导致企业借贷成本的上升，不利于企业利润的持续增长，从而可能导致股价下跌。由于零售额的实际值可能与预测值相差较大，所以股价可能在报告公布日发生较大幅度波动。另外，该报告中的商品零售数据是十分重要的反映经济状况和预测通货膨胀的指标。

消费者信心指数（Consumer Confidence Index） 由Conference Board发布，反映消费者对近期就业形势、经济状况和支出的看法。股市对该报告的反应："中"有时"强"。该指标有助于预测消费支出和国内生产总值。消费者对近期就业形势和经济状况的看法可以影响其支出决定，而消费支出对经济增长的影响十分显著。如果消费者信心指数低，则反映消费者对前景悲观，将可能减少消费支出，从而对经济和股市产生负面影响；消费者信心指数高则反映消费者对前景乐观，预示消费开支将增加，有利于企业利润增长。所以，高于市场预期的消费者信心指数能促进股价上升；而低于市场预期则可能导致股价下跌。经济学家、政府和投资界人士都密切留意这一指标的变动。另外，该报告分别列出各个地区的信心指数，有助于投资者了解不同地区的经济状况。

房地产和建筑业

房地产市场的兴衰与经济周期紧密相关。经济过热时，利率和房价的上升增加了买房者和建筑商的贷款成本，从而导致地产和建筑需求的下降；反之，当经济处于低谷时，低利率和低房价有助于地产和建筑需求的上升。另外，地产和建筑业通过影响就业、建材价格和相关服务行业对经济发展产生重要影响。由于房地产和建筑业的兴衰往往先于经济周期，投资者常用地产和建筑业状况作为预测未来经济走势的重要指标。新房开工数、建筑许可、二手房和新房销售等指标上升（下降）预示未来股价上升（下跌）；而住房贷款违约率上升（下降）预示未来股价下跌（上升）。

成品房销售（Existing Home Sales） 是由National Association of Realtors发布的二手房销售情况报告。股市对该指标的反应："中"。房屋销售为多方带来收益。例如，卖方获得资本增值收益；地产代理获得佣金收入；抵押银行、搬家公司、装修公司获得业务收入。而二手房销量约占美国住房销量的80%。二手房销售上升表明居民对未来经济前景乐观（卖出旧房以买进更大的新房）。成品房销售增长强劲一般对股市是好消息。反之则是坏消息。但如果成品房销售增长过快，引发利率和通货膨胀率上升，则不利于股价上涨。值得一提的是，由于只有当房屋交易完成后才包括到统计中，而一些房屋交易从交易达成到最终完成物权交付可能需要几个月时间，所以，该报告反映的情况比实际延迟。

　　新房开工（Housing Starts）和建筑许可（Housing Permits）由商务部发布，是十分重要的先行经济指标。股市对该指标的反应："中"。当新房开工和建筑许可数量上升时，建筑公司未来将雇佣更多工人，业主将增购家具和装修材料，从而带动其它行业的发展，所以对股市是好消息。反之则是坏消息。但当经济过热时，如果这两个指标仍然快速上升，则可能促使联邦储备银行加息以对抗通货膨胀，对股价产生负面影响。从历史数据来看，这两个指标可以较好地预测经济发展前景。

联邦储备银行的经济报告

　　联邦储备银行（Federal Reserve）是美国的中央银行，肩负着制定和执行货币政策、监管银行系统和维护金融体系的稳定等重要职责。联储的政策行动和对经济的看法能对股市产生重大影响。**褐皮书（Beige Books）**是由联邦储备银行发布的经济状况综述，总结劳动力市场、工资、通胀、零售和制造业等已经公开的指标。股市对该报告的反应："中"。当褐皮书指出当前通货膨胀压力较小，投资者会预期联储将利率保持在较低水平。这对股市是好消息，因为利率低则企业借贷成本低，有利于利润增长；如果褐皮书指出当前经济过热则投资者会预期联储提高利率以压制通货膨胀。这对股市是坏消息。由于褐皮书提及的数据是已公布数据，所以对市场的影响有限。褐皮书包括联储划分的12个地区的报告以及一份全国总览报告。报告回顾大量经济数字并进行评论和预测。其重要性在于：1）反映了联储对经济状况的观点，预示未来利率政策；2）较全面地展示了未来经济前景；3）备受经济分析人士注意。

外贸状况

　　对外贸易状况反映美国的国际竞争力并能影响汇率和利率，从而影响股市。**国际贸易（International Trade）**报告是由商务部发布的最主要的反映美国与其它国家之间商品和服务贸易状况的报告。股市对该报告的反应："中"。该报告最值得关注的是贸易差额。当进口大于出口，贸易差额为**逆差（Deficit）**。反之为**顺差（Surplus）**。到目前为止，美国的贸易逆差已经持续了20多年。如果逆差缩小是由于出口增加所导致，则通常表明美国国际竞争力上升和美国公司海外收入增加，有利于股价上涨；但逆差缩小也可能是由于美国经济增长缓慢，国内市场需求疲软导致进口减少引起的；

经济过热时，逆差缩小可能反映美国国内市场供不应求，预示通货膨胀率和利率上升。后两种情况下，逆差缩小可能引起股市下跌。

联邦政府的经济政策

联邦政府的经济政策能对股市产生重大影响。经济政策可分为两大类：财政政策和货币政策。**财政政策（Fiscal Policy）**是指政府的收入（主要是税收）和支出（主要包括政府采购和福利开支）政策。政府扩大财政支出或减少税收的行为可以刺激经济增长。例如，联邦政府出资建设更多的公路、桥梁等基础设施可以增加建筑商的收入。而建筑商为了满足生产的需要，将增加雇员人数和购买仪器设备。就业率的上升有利于提高居民的平均收入，进而推动消费品销售的上升，从而带动消费品行业的收入增加。这种一连串的收入变化使得政府财政支出每增加一美元，整个经济体增加的收入将大于一美元。这种效应称为**乘数效应（Multiplier Effect）**。同样道理，如果政府降低税率，纳税人的税收负担减少，可以将更多的收入用于消费，从而带动企业销售收入的增加。反之，政府减少财政支出或增加税收的行为可以导致私有部门（企业和个人）收入的减少，从而减缓经济增长的步伐。

当政府的支出大于收入（即净支出＞0）时，对经济起促进作用，这种财政政策称为**扩张性（Expansionary）财政政策**；反之（即净支出＜0）则起到减缓经济增长的作用，这种财政政策称为**紧缩性（Contractionary）财政政策**。政府一般在经济过热时采取紧缩性财政政策而在经济衰退时采取扩张性财政政策。长期来说，政府应保持收支平衡。

政府扩大支出的行为并不总对经济发展产生正面作用。当政府为了扩大支出而增加税收时，扩大支出刺激经济增长的效应会被增加税收对经济增长产生的负面效应抵消；当政府从金融市场中借钱用于扩大支出时，大量的贷款需求将推高利息率，增加私有企业的融资成本，导致私有企业收入的减少。这种政府支出抢占私有部门资源导致私有部门投资或消费减少的现象称为**挤出效应（Crowding Out Effect）**。

货币政策（Monetary Policy）是指联邦储备银行通过控制货币供应以影响宏观经济的政策。长期来看，货币供应量的增长应与国民经济的增长率一致。货币增长率过高将导致通货膨胀率上升；货币增长率过低则约束经济增长。

扩大货币供应量的政策称为扩张性货币政策。当经济衰退的风险增大，联邦储备银行通过降低利率或扩大货币供应量的方法刺激投资和消费；减少货币供应量的政策称为紧缩性货币政策。当投资和消费需求增长过快导致物价快速上升，危及企业长期利润增长时，联邦储备银行可能提高利率或减少货币发行量以降低通货膨胀率。

最常用于实施货币政策的工具是利率。联邦储备银行设定短期利率[①]目标。其下属的公开市场委员会（FOMC）通过在市场上交易政府债券将利率保持在预定目标。当 FOMC 买入政府债券时，资金流入市场，导致货币供给增加和利率下降；反之，当 FOMC 卖出政府债券时，联储从市场回收资金，导致货币供给减少和利率上升。其它的货币政策工具还有贴现窗口和提高银行储蓄准备金率等。

3. 行业分析

行业分析是"宏观经济-行业-公司"由上而下分析方法的第二步，其主要目的是找出预期投资回报率高的行业。行业分析的必要性主要体现在：

- 在同一经济时期，不同行业的投资回报率往往相差很大。例如，在 2005 – 2009 五年间，电力、钢铁、农业化工和消费者服务行业股票的平均年投资回报率都超过 25%；而同期音像制品商店、电台广播和住房抵押投资行业的股票则平均每年亏损 25%以上[②]。
- 虽然同一行业内不同公司之间的投资回报率存在差异，好（差）的行业里也有差（好）的公司。但是，从好的行业（即利润率高的行业）里挑选好公司比从差的行业挑选好公司的胜算更高。
- 在同一经济时期，不同行业的风险相差很大。例如，高科技行业的风险高于很多其它行业。

影响行业发展的主要宏观经济因素有：

- 经济周期。经济周期对各行业的利润和收入的影响程度不同，因而不同行业的股票相对于整个股市的表现也不同。表 5-4 列出在不同阶段股票表现好于大盘的行业。经济开始衰退时，很多行业的收入和利润随着消费者支出的下降而下降。但是日用消费品、公用事业和医疗开支是必要性开支，受居民收入变动的影响很小，因此这几个行业的收入和利润相对稳定。其股票表现也好于股市大盘；当经济处于萧条时期但有复苏迹象时，由于利率、原材料和劳动力等生产成本较低，企业有动力向银行贷款用于购买和更新仪器设备。消费者则由于利率和价格水平较低而向银行贷款购买汽车和家电等耐用品。这些因素促使金融、资本品和运输行业销售和利润上升，其股价因此表现好于大盘；在经济复苏阶段，企业扩大生产和更新设备的需要推动资本品和科技行业收入的上升，使得其股价表现好于大盘；当经济进入繁荣时期，能源、

[①] 包括联邦基金利率和贴现利率。 联邦基金利率（Fed Funds Rate）是指储蓄机构之间借贷其在联邦储备银行的储备准备金的利率；贴现利率（Discount Rate）是指银行向联邦储备银行贷款支付的利率。贴现利率通常比联邦基金利率高。
[②] 数据来源：MorningStar。截止日：2009 年 10 月 9 日。

原材料和劳动力供不应求而价格上涨，带动能源、原材料和服务业收入的增加，其股价因此表现好于大盘。本书第八章第 11 节介绍的板块轮换策略就是根据在经济周期不同阶段各行业表现相对于股市大盘不同的原理进行的。

➢ 利率。利率上升会增加企业和消费者的借贷成本并导致资产净现值的下跌，因此利率上升一般对股价产生负面影响。例如，居民由于贷款利率上升而推迟买房买车，导致建筑、装修、地产中介和汽车等行业收入的下降。

➢ 通货膨胀率。由于高通货膨胀率导致高利率和生产成本的上升，因此通常对股市产生负面影响。但是，不同行业对通货膨胀的反应不同。有几类行业在高通货膨胀环境下表现较好：1）石油、矿石和木材等自然资源类行业由于产品价格上涨而利润增加，因而股价表现较好；2）厂房和仪器设备等固定资产占总资产比例较高的行业由于固定资产增值而股价表现较好；3）负债率高的行业由于需要偿还的利息和本金固定，而收入随着产品价格上涨而增加，因此收入减去成本后剩余的利润增加。

➢ 消费者情绪。消费支出占美国 GDP 的三分之二，能对经济发展产生显著影响。如果消费者对未来预期乐观，则会增加对高档商品和服务的需求，从而带动奢侈品、旅游和汽车等行业收入的增加；反之，如果消费者对未来预期悲观，则会减少非必要性开支，导致这些行业收入下降。

➢ 国际经济环境。美元贬值会使得美国产品以外币标示的价格下跌和进口商品以美元标示的价格上涨，从而增加出口和减少进口。所以，中短期内，美元贬值有利于增加美国多个行业的收入，特别是国际竞争激烈的行业。同时，美元贬值还使得美国公司海外资产的美元价值上升，有利于这些公司股价的上涨。但长期来看，坚挺的美元（即币值稳定）有利于吸引国际资本流入美国，推动美国股市持续上涨。另外，某个国家经济增长强劲对于在该国有投资和销售活动的美国公司也是利好消息。

表 5-4 经济周期各阶段的绩优行业

经济周期	衰退	萧条	复苏	繁荣
绩优行业	日用消费品 公用事业 医疗 服务	耐用消费品 金融 运输 资本品	资本品 科技 能源 房地产	能源 大宗商品 原材料 房地产 服务业

影响行业发展的非经济因素主要有：

➢ 人口：人口的年龄和地区分布的变化能导致行业发生结构性的变化。例如，欧美国家老年人口比例的上升增加了对医疗保健和储蓄理财服务的需求，促进了医疗保健和金融行业的发展。
- ➢ 生活方式：包括人们生活和工作的方式、家庭结构、消费习惯以及教育程度等因素。例如，健康意识的提高推动了对低脂肪食品和蔬菜需求的上升。
- ➢ 科技进步：科技进步导致旧的产品被淘汰而新产品销售增加。例如，录像带、胶卷和电脑磁盘被 DVD 等数码媒体淘汰。
- ➢ 政治和监管：这方面的例子很多，例如，美国政府对外军事活动的增加带来军工行业收入的增加；对进口产品征收惩罚性关税会带来进口企业成本上升；新药审核、食品安全和劳工安全法案等的加强会导致这些行业企业经营成本的上升。

行业生命周期

一个行业所处的发展阶段是决定其未来收入和利润增长率的重要因素。例如：当传统胶卷逐步被数码影像产品替代时，以 Kodak 公司为代表的胶卷行业收入和利润下降；互联网热刚兴起时，Amazon 等网络公司股价大幅飙升。行业生命周期理论将行业的发展大致分为五个阶段：

- ➢ 创新发展阶段：市场对该行业的产品或服务的需求较小。销售增长缓慢。行业处于亏损状态。公司在产品研发和市场开发方面的投资较高。此阶段失败的公司较多。由于难以预测哪家公司会成功，所以在这一阶段对该行业中单个公司进行投资的风险较大。
- ➢ 加速成长阶段：市场对该行业的产品或服务需求增大，推动行业销售额高速成长，并可能导致供不应求的现象。同时，由于参与竞争的公司较少，平均利润率较高。由于之前的基数较小，销售额和利润增长率可能非常高。
- ➢ 成熟成长阶段：由于行业生产能力有了较大提高，供不应求的局面缓解。同时，由于进入该行业的公司越来越多，竞争日趋激烈，行业平均利润率下降。这一阶段销售额的增速低于加速成长阶段，但仍高于整体经济增长率。
- ➢ 市场成熟阶段：通常是生命周期中持续时间最长的阶段。这一阶段，销售额的增速与整体经济的增速相当且相关性较强，因此，此时预测公司的销售额和利润的成长率难度相对较小。由于竞争的进一步加剧，行业利润率和投资回报率等指标与整体经济平均水平大致相同；由于利润成长空间有限，股票的市盈率一般较低；由于再投资较少，更多的利润用于支付股息，所以股息率（股息与股价之比）较高。
- ➢ 缓慢成长或衰退阶段：行业的销售增长由于需求的减少而下降。行业内不少公司的利润率低于整体经济的平均水平甚至亏损。例如，美国的纺织、家具和钢铁等行业随着技术的普及和国际竞争日益激烈而逐渐衰退。

图 5-1 概括了行业生命周期的五个阶段。该图纵坐标表示行业的销售增长率；横坐标表示行业的发展阶段。

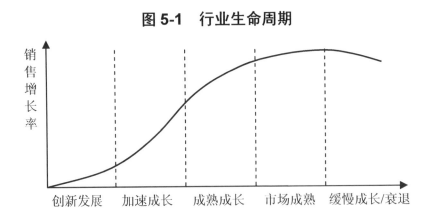

图 5-1　行业生命周期

行业结构和竞争优势

行业内部的竞争激烈程度是决定行业利润率的重要因素。一家公司所处的行业内部竞争越激烈，则利润率越难以提高，其股价表现也往往不佳。哈佛大学教授迈克·波特（Michael Porter）在《竞争战略》[①]一书中提到的五力模型是分析行业结构的有效方法。该模型可以用图 5-2 概括。波特指出，一个行业内的竞争激烈程度主要受以下五类因素的影响：

1. 进入威胁：越容易进入的行业，竞争越激烈，利润率也就越低。行业壁垒（阻止新公司进入的因素）越强，越能保护本行业的利润率。主要行业壁垒包括：
   - 客户对品牌的忠诚度越高，进入威胁越小。例如，由于消费者对可口可乐和耐克的品牌忠诚度高，其它公司难以从这两家公司抢走消费者。
   - 固定成本越高，进入威胁越小。厂房和仪器设备等固定成本越高，新公司越不愿贸然进入。
   - 资源的稀缺性。例如，采矿公司控制了主要的矿山后，竞争者难以进入。
   - 客户换公司的成本。例如，转换数据库系统的成本（重新培训员工和系统兼容等）较高，老客户不轻易转而使用竞争对手的产品。
   - 行业法规和管制。例如，专利保护可以排除其它公司生产同样产品。
2. 供应商的议价能力：关键投入品供应商索取高价的能力越强，企业的成本越高。投入品包括原材料、设备和劳动力等。以下几种情况下，供应商的议价能力强：

---

① 英文原版 "Competitive Strategy: Techniques for Analyzing Industries and Competitors" 在 1980 年出版。中译本《竞争战略》由华夏出版社出版。

- 供应商数目少甚至形成垄断。
- 替代的原材料很少或没有。
- 转换供应商的成本高。
- 投入品对企业的经营十分重要甚至必不可少。

3. 购买方的议价能力：购买方压价的能力越强，企业的利润越低。以下几种情况下购买方的议价能力强：

- 购买方数目少。
- 产品的可替代性较高。
- 转换供应商的成本较低。
- 产品对购买方并不十分重要。

4. 替代品的威胁：可替代产品越多、可替代性越强，则购买者的选择越多。当替代品更便宜时，客户可能会转而使用替代品。因此，企业难以提高产品售价。所以，替代品威胁越强，行业利润率越低。

5. 行业内企业间的竞争：指行业内现有企业之间的竞争。激烈的市场竞争往往导致价格的下降和成本的上升。所以，行业内的竞争越激烈，利润率和投资回报率越低。导致行业内竞争激烈的主要因素有：

- 市场已经成熟或处于衰退期。由于整个市场增长有限，企业增加销售额或扩大市场份额的主要方法是抢夺竞争对手的市场份额。
- 不同企业提供的产品和服务差异较小。例如，钢材、航空和保险行业，各公司提供的产品或服务差异较小，对同一等级的产品或服务，客户更愿意选择价格最低者。所以，这些行业内的竞争主要以价格战方式进行。
- 如果行业中没有处于主导地位的公司，则较容易发生价格战。

图 5-2 波特的五力竞争模型

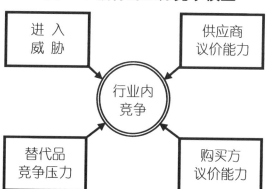

为帮助读者了解美国一些行业的发展状况，我们在附录B到附录F分别介绍银行、保险、软件、电信和石油五个行业的发展状况。

4. 公司分析

通过宏观经济分析和行业分析确定最值得投资的行业后，下一步就是通过分析公司找出目标行业中最值得投资的股票。本节主要介绍的是公司的发展战略以及决定其经营成败的一些因素。这些因素决定了公司未来的利润成长，因此对估算股票内在价值十分重要。

上一节介绍的迈克·波特五力模型有助于了解公司所处行业的竞争结构。而公司在现有的行业竞争环境中选择怎样的战略则对公司经营成败起到十分重要的作用。一家优秀的公司应该能根据其外在环境选择合适的企业发展战略。进行公司分析时，要了解公司所采用的竞争战略并判断该战略的合理性以及战略的执行情况。波特推荐两类成功的竞争战略：

> 低成本领导者战略：公司通过降低成本成为行业中经营成本最低的企业（即价格领导者）。实现成本优势的方法包括规模经济[①]、新技术、专利以及控制原材料供应源等。Wal-Mart（代码WMT）是该战略的成功例子之一。该公司通过大批量低价购买以及严格控制营运成本等方法长期保持其在零售业界的低成本领导者地位。

> 差别化战略：公司通过加强产品或服务的独特性以吸引客户。加强独特性的方法包括品牌、独特的技术、独特的产品特性、客户服务以及销售渠道等。例如，Apple公司（代码AAPL）通过科技创新、独特的产品设计和营销战略等方法奠定了其在电脑和电子产品市场上的独特地位。采用该战略要注意控制在产品差异化上投入的额外成本不应超过差异化所带来的额外收入。

无论公司采用哪种战略，都应当合理选择产品或客户群并且调整战略以最好地为目标群体服务。例如，采用低成本领导者战略的公司可以选择进入一些高利润率的行业以更好地获得低成本带来的好处；而采用差别化战略的公司应选择一些客户确实有特殊需求的产品。比方说，运动鞋可以按功能分为长跑鞋、篮球鞋、足球鞋等。生产商要了解运动员是否愿意为特制的运动鞋支付更高的价钱。

---

① **规模经济**是指扩大生产规模引起经济效益上升的现象。举个简单的例子，一家汽车公司在厂房和生产设备等方面的固定成本是每年100万美元。如果每年生产100辆汽车，则平均每辆车的成本是1万美元；但如果在固定成本不变的情况下将产量提高到每年200辆，则平均每辆车的固定成本下降为5,000美元。

公司的战略应当随着行业状况的变化而变化。例如，当行业或产品处在成长阶段时，差别化战略能产生较高的回报率。但是，当行业或产品处于成熟或衰退阶段时，由于竞争激烈，差异化战略带来的额外收入难以弥补其产生的额外成本，企业可能要转而采用低成本战略。

SWOT 分析法是分析和理解公司竞争战略的有效方法。**SWOT 分析法（SWOT Analysis）**通过对优势、劣势、机遇和威胁四个方面的因素进行综合分析以帮助公司将资源和行动聚集在自己的强项和最有机会获胜的地方。四个因素中，优势和劣势是公司的内在因素；机遇和威胁是公司面临的外在环境因素。

- 优势（Strengths）：公司的优势可以表现在产品和服务质量、品牌、客户忠诚度、研究开发能力等方面。公司应有效利用、维持并发展其优势。
- 劣势（Weaknesses）：公司应找出其可能被竞争对手利用的弱势并避免其可能产生的负面影响。
- 机遇（Opportunities）：对公司有利的环境因素包括产品市场的成长、竞争的减少以及投资者对该行业的信心增加等。
- 威胁（Threat）：威胁公司发展的环境因素包括经济不景气、行业监管加强、竞争增加和竞争性新产品和新技术的出现等。

财务报表分析

财务报表是分析公司财务状况和预测未来利润增长的主要途径。财务报表主要包括在年度财务报告（10-K）和季度财务报告（10-Q）中。美国证券法要求上市公司定期向 SEC 提交这两份报告。

- **10-K** 反映企业在刚过去的一年的营运状况。主要内容有公司简介、经营状况、对未来业绩的预测、影响公司业绩的主要因素、过去一年里公司发生的重大事件、高层管理者的收入和经过审计的财务报表。10-K 报告必须经过独立注册会计师（CPA）审计。提交 10-K 报表的时限因公司类型而异，一般为财政年度结束后的 60 天到 90 天。
- **10-Q** 反映企业在刚过去的一个季度的营运状况。其内容与 10-K 相似。上市公司必须在第一、第二和第三季度结束 35 天内向 SEC 提交 10-Q。第四季度结束要提交的是年度报告，即 10-K。10-Q 无须经过独立 CPA 审计。

财务报表主要包括资产负债平衡表、损益表和现金流量表。分析财务报表时应当把这三个报表的数据相结合。此外，很多公司的 10-K 还包括股东权益报表（Statement of Shareholders' Equity）。

资产负债平衡表（Balance Sheet）反映了公司在一个季度或年度的最后一天的资产、负债和股东权益状况。这一报表反映的基本关系是：

$$\text{资产（Assets）} = \text{负债（Liabilities）} + \text{股东权益（Equity）}$$

其中，资产部分（即公司所拥有的资源）反映了公司投资决策的结果。公司可以投资流动性较高的资产，如有价证券和市场需求量大的产品，也可以投资物业、厂房、大型仪器设备和无形资产等流动性较低但平均回报率较高的资产。各类资产在平衡表中按流动性由高到低排列。负债部分包括流动负债和长期负债。股东权益部分包括投入资本、未分配利润和其它综合收益累计。

损益表（Income Statement）反映了公司在一个季度或年度内的经营状况。损益表反映的基本关系是：

$$\text{净收入（Net Income）} = \text{收入（Revenue）} - \text{支出（Expense）}$$

收入是公司销售产品、提供服务和从事其它商业活动所获得的收入；支出包括原料、工资、租金、研究开发、销售、行政管理、折旧和摊销等维持公司运作的各项费用。净收入（即利润）是收入扣除支出后的剩余部分。

现金流量表（Statement of Cash Flow）反映了公司在一个季度或年度内的现金流动情况。损益表采用责权发生制会计法则，无法反映公司的实际现金收支；而现金流量表则采用现金制会计法则，反映现金的实际收支。现金流量表分类显示公司在营运、投资和融资这三类活动产生的现金流。

在分析财务状况时，只有通过对比才能判断优劣。通常同时使用横向和纵向两种对比方法。

> 横向对比将所考察的公司与其它公司在同一时期内的盈利状况和财务指标进行比较。
> 纵向对比考察一家公司财务指标的历史变化以判断其发展趋势。

财务比率可以直观地反映公司的经营状况。常用的财务比率一般可以从公司的财务报告或财经信息网站上找到。下面介绍几类常用的财务比率。

衡量流动性或短期偿债能力的常用比率

这类指标反映公司资产转变为现金的容易程度以及在较短时间内偿还债务的能力。这类指标包括：

净营运资金（Working Capital 或 Net Working Capital）等于流动资产减去流动负债。当净营运资金为负（即流动资产低于流动负债）时，预示公司的流动资产可能不足以偿付流动负债。

流动比率（Current Ratio）是流动资产和流动负债的比率。计算公式如下：

$$\text{流动比率} = \text{流动资产} / \text{流动负债}$$

如果流动比率大于1，表明公司的流动资产大于流动负债。一般来说，这一比率越高公司在短期内偿还债务的能力越强。如果流动比率低于1，表明公司没有足够的流动资产来偿付即将到期的债务，是一个值得注意的警示信号。

速动比率（Quick Ratio）是速动资产与流动负债的比率。速动资产是除了存货和预付费用以外的其它流动资产。存货不属于速动资产是因为存货不一定能够在短时间内及时变现用于偿还债务。预付费用则是过去的现金支出而非未来的收入，因而不能用于偿债。速动比率的计算公式如下：

$$速动比率 = （现金 + 有价证券 + 应收账款） / 流动负债$$

现金比率（Cash Ratio）是现金和类似现金的有价证券与流动负债的比率。当现金不足而被迫变卖存货和应收账款来偿债时可能导致损失。因此，现金应当保持在一定水平以上以维持公司的正常营业。现金比率的计算公式如下：

$$现金比率 = （现金 + 有价证券） / 流动负债$$

一般来说，流动比率、速动比率和现金比率越高，表明公司在短时间内偿还债务的能力越强。但并不是越高越好。由于流动资产的投资回报率一般低于长期资产，持有过多的流动资产会降低公司的投资回报率。现金过多可能反映现金管理不善或缺少值得投资的项目；存货过多可能反映公司产品滞销或库存管理不善；应收账款过多可能是由于公司客户的财务状况有问题。流动资产的额度应以足够维持企业正常运作需要为准，即足够应付短期内到期的债务和营运开支。

经营性现金流比率（Cash Flow from Operations Ratio）通过将经营活动产生的现金流与流动负债比较来衡量公司的流动性。计算公式如下：

$$经营性现金流比率 = 经营性现金流 / 流动负债$$

衡量经营效率的常用比率

这类指标用于衡量公司管理和使用资产的效率。主要指标有：

应收账款周转率（Receivables Turnover）是衡量应收账款流动性质量的比率。这一数值越高，表明应收账款转换为现金的速度越快。应收账款周转率的计算公式如下：

$$应收账款周转率 = 净销售 / 平均应收账款余额$$

其中，净销售是总销售收入减去退款和折扣后剩余的部分。平均应收账款余额等于应收账款的期初余额（即上一期期末余额）和期末余额的算术平均值。后面提到的一些指标的平均余额也用同样方法算出，即期初余额与期末余额的平均数。

应收账款平均收款期（Average Receivable Collection Period）反映公司回收一笔应收账款平均所需要的天数。计算公式如下：

$$应收账款收款期 = 报告期间天数 / 应收账款周转率$$

应收账款周转率和平均收款期主要受公司的赊销政策的影响。适当地向客户赊销有利于建立良好的合作关系和增加销售额；但如果赊销政策过松，则可能导致坏账增加。经验表明，所欠账款时间越长，发生违约的可能性越大。当一家公司的应收账款平均收款期明显长于同类型的其它企业时，应当引起注意。

存货周转率（Inventory Turnover）反映存货生产及销售的速度。计算公式如下：

$$存货周转率 = 售货成本 / 平均存货$$

存货平均周转期则是存货从购买到销售所需的天数。计算公式如下：

$$存货周转期 = 报告期间天数 / 存货周转率$$

影响存货周转率的主要因素有：生产技术、产品属性和存货管理效率。存货周转率高于行业平均水平表明存货管理效率高；过低的周转率可能表明产品滞销或过时；但过高的周转率有可能反映供不应求。而供不应求可能导致客户流失。

应付账款周转率（Payable Turnover）反映公司向供应商支付账款的速度。计算公式如下：

$$应付账款周转率 = 购买支出 / 平均应付账款余额$$

其中，购买支出 = 售货成本 + 期末存货余额 - 期初存货余额

应付账款还款期则是公司延迟支付应付账款的天数。计算公式如下：

$$应付账款偿还期 = 报告期间天数 / 应付账款周转率$$

应付账款实际上是从供应商获得的贷款。较长的应收账款偿还期既可能表明公司通过延长偿付期以保证更多的现金用于其它经营项目，也可能表明公司发生资金周转困难，无法及时付款。

现金转换循环（Cash Conversion Cycle）是指将资产转换为现金所需的天数。由于生产过程一般包括购买存货、卖出产品、收入货款和清偿所欠债务，所以现金转换循环的计算公式如下：

$$现金转换循环 = 存货周转期 + 应收账款回收期 + 应付账款偿还期$$

总资产周转率（Asset Turnover）反映公司管理和使用资产的效率。计算公式如下：

$$总资产周转率 = 净销售 / 平均净资产$$

其中总净资产（Total Net Asset）是总资产减去折旧和摊销后的部分。总资产周转率反映每一元的资产在报告期内产生的销售收入。不同行业之间资产周转率相差较大。例如，由于汽车、钢铁和大型机械等资本密集型制造业需要大量投资厂房和设备等固定资产，而零售业主要投资流动性较高的待售商品上，所以前者的总资产周转率一般比后者低很多。另外，总资产周转率还受固定资产交易方式的影响。例如，如果公司以租赁而不是购买的方式获得生产设备，则设备的价值不归入公司的资产，那么，在净销售不变的情况下由于净资产减少使得总资产周转率增加。

同一行业内，周转率越高表明企业利用资产的效率越高。周转率过低可能表明公司经营管理不善。但大大高于行业平均水平的周转率则可能反映公司资产不足或设备更新缓慢。资产不足可能导致产品或服务无法满足顾客需求而发生客户流失。公司可以通过加快产品的生产、销售和账款回收或以租赁取代购买等方法提高周转率。

固定资产周转率（**Net Fixed Asset Turnover**）反映公司使用固定资产的效率。计算公式如下：

$$固定资产周转率 = 净销售 / 平均净固定资产$$

其中，净固定资产等于固定资产减折旧。由于排除了非固定资产，固定资产周转率比总资产周转率更清晰地反映固定资产的使用效率。过低的周转率可能表明固定资产过剩或使用效率低；过高的周转率可能表明固定资产投资不足，企业使用过时或陈旧的设备（设备在前期经过大量折旧而账面价值较低）进行生产。使用过时或陈旧设备不利于公司生产效率的提高。

股权周转率（**Equity Turnover**）反映公司使用股东资金的效率。计算公式如下：

$$股本周转率 = 净销售 / 平均股东权益$$

股权周转率受行业性质和公司资本结构影响。在总资产和净销售额相同的情况下，负债率越高，则股权周转率越高。

衡量长期偿债能力的常用比率

偿债能力（**Solvency**）是指公司偿还长期债务的能力。由于公司既可用已有资产偿债，也可用收入来偿债，所以衡量长期偿债能力既要比较资产和负债余额，又要比较收入与支出。常见的比较资产和负债余额的财务比率有：

$$总负债 / 权益比率（Total\ Debt\ to\ Equity\ Ratio）= 总负债 / 股东权益$$

$$总负债 / 资产比率（Total\ Debt\ to\ Asset\ Ratio）= 总负债 / 总资产$$

$$长期负债 / 权益比率（long\text{-}Term\ Debt\ to\ Equity\ Ratio）= 长期负债 / 股东权益$$

$$长期负债 / 资产比率（long\text{-}Term\ Debt\ to\ Asset\ Ratio）= 长期负债 / 资产$$

长期负债／资本比率（long-Term Debt to Capital Ratio）= 长期负债／长期资本

其中，长期资本包括长期负债和股东权益。

考察公司的收入是否足以支付债务和其它固定支出的比率主要有：

利息保障倍数（Interest Coverage 或 Times Interest Earned）衡量公司用利润支付利息的能力。计算公式如下：

$$\text{利息保障倍数} = \text{息税前利润} / \text{利息支出}$$

固定支出保障倍数（Fixed Charge Coverage）衡量公司用利润支付固定支出的能力。计算公式如下：

$$\text{固定支出保障倍数} = (\text{固定支出} + \text{税前利润}) / \text{固定支出}$$

利息保障倍数和固定支出保障倍数公式中的利润也可以用现金流来替代。这时候，保障倍数的计算公式和定义如下：

现金制的利息保障倍数（Times Interest Earned - Cash Basis）

$$\text{现金制的利息保障倍数} = \text{调整后的经营性现金流} / \text{利息支出}$$

现金制的固定支出保障倍数（Fixed Charge Coverage Ratio - Cash Basis）

$$\text{现金制的固定支出保障倍数} = \text{调整后的经营性现金流} / \text{固定支出}$$

其中，调整后的经营性现金流 = 经营性现金流 + 固定支出 + 税款

衡量盈利能力的常用比率

衡量盈利能力的指标有两类：一类衡量每一元销售收入所带来的利润；另一类衡量每一元投资所产生的利润或回报。

毛利润率（Gross Profit Margin）反映每一元销售收入所包含的毛利润。计算公式如下：

$$\text{毛利润率} = \text{毛利润} / \text{净销售}$$

其中，毛利润等于净销售减去售货成本。毛利润率反映了公司的基本成本结构。一般来说，服务型企业由于售货成本较低而毛利润率高于生产型企业；垄断型企业的毛利润率高于竞争型企业。将公司和竞争对手的毛利润率进行比较可以了解公司在行业中的地位。另外，公司的产品和服务组合的变化也能影响公司的毛利润率。考察公司毛利润率的历史变动可以了解公司产品和服务变动对其盈利能力的影响。

经营利润率（Operating Profit Margin）反映每一元销售收入包含的主营业务的利润。主营业务利润等于毛利润减去销售、常规及行政管理费用（SG&A）。经营利润率的计算公式如下：

$$\text{经营利润率} = \text{经营利润} / \text{净销售}$$

净利润率（**Net Profit Margin**）反映每一元销售收入所包含的净利润。计算公式如下：

$$\text{净利润率} = \text{净利润} / \text{净销售}$$

上面提到的利润率比率只是反映了公司销售所带来的利润。要考察整个公司的管理是否成功则应看公司的投资所产生的利润。衡量投资利润率的主要比率如下：

资产收益率（**Return on Asset** 或 **ROA**）反映了企业对资产的利用效率或资产的获利能力，即每一元资产所产生的净利润。计算公式如下：

$$\text{资产收益率} = \text{净利润} / \text{平均总资产}$$

股权收益率（**Return on Equity** 或 **ROE**）反映股东投入的资金所产生的利润。计算公式如下：

$$\text{股权收益率} = \text{净利润} / \text{平均总股本}$$

杜邦系统（**Dupont System**）是将企业股权收益率逐级分解为多项财务比率的乘积以分析企业的营运收益来源的分析方法。杜邦系统通过对股权收益率公式的数学变换得到股权收益率与净利润率、资产周转率和财务杠杆之间的关系。

$$\text{股权收益率} = \frac{\text{净利润}}{\text{净销售}} \times \frac{\text{净销售}}{\text{总资产}} \times \frac{\text{总资产}}{\text{总股本}} \qquad (1)$$

或： $\text{股权收益率} = \text{净利润率} \times \text{资产周转率} \times \text{财务杠杆} \qquad (2)$

这一基本公式揭示了构成股权收益的三大部分：净利润率、资产周转率和财务杠杆。净利润率高通常表明企业对其产品的定价能力较强；资产周转率高表明其营运效率高；财务杠杆高表明负债率高，财务风险较高。将这三项指标进行纵向分析，可了解公司在这三方面的发展趋势；进行横向分析则可了解该公司与同行其它企业相比的优势和劣势所在。

5. 参考书目

基本面分析中要考量的因素很多。要成为一名出类拔萃的金融分析师，要进行大量的学习和阅读大量的文献。下面列出一些优秀的财经及金融市场研究书籍。欢迎访问 www.meigu168.com/booklist.htm 以获得随时更新的优秀股市研究分析书籍列表、内容简介以及书评。

- A Random Walk Down Wall Street: The Time-Tested Strategy for Successful Investing (Revised and Updated), Burton G. Malkiel, W.W. Norton & Co., 2007.

- Beating the Street, Peter Lynch and John Rothchild, Simon & Schuster, 1994.
- How to Make Money in Stocks: A Winning System in Good Times and Bad (4th Edition), William O'Neil, McGraw-Hill, 2009.
- Investments (8th Edition), Zvi Bodie, Alex Kane, and Alan Marcus, McGraw-Hill/Irwin, 2008.
- Investment Analysis and Portfolio Management (9th Edition), Frank K. Reilly and Keith C. Brown, South-Western College Pub, 2008.
- Learn to Earn: A Beginner's Guide to the Basics of Investing and Business, Peter Lynch and John Rothchild, Wiley, 1997.
- One Up On Wall Street : How To Use What You Already Know To Make Money In The Market, Peter Lynch, Simon & Schuster, 2000.
- Security Analysis (6th Edition), Benjamin Graham and David Dodd, McGraw-Hill, 2008.
- The Five Rules for Successful Stock Investing: Morningstar's Guide to Building Wealth and Winning in the Market, Pat Dorsey and Joe Mansueto, Wiley, 2004.
- The Intelligent Investor: The Definitive Book on Value Investing. A Book of Practical Counsel (Revised), Benjamin Graham, Jason Zweig and Warren Buffet, Collins Business, 2003.
- The Secrets of Economic Indicators, Bernard Baumohl, Wharton School Publishing, 2004.

第六章 技术分析

基本面分析虽然可以揭示股价的合理价位，但却无法预示股价将何时达到该价位，所以也就无法判定最佳的买入（或卖出）时机。例如，一只价格低于内在价值的股票，其价格可能会在很长的时间里继续下跌，从而给价值投资者带来损失。技术分析是用于选择交易时机的常用方法。

不少投资者在进行投资决策时同时使用基本面分析和技术分析。较常见的做法是先用基本面分析判断证券价格的长期趋势，然后用技术分析确定买入或卖出时机。选择良好的交易时机可以降低买入成本或增加卖出收益；还有一种做法是用技术分析方法选股，并将基本面分析作为交易决策的依据之一。例如，当技术图表发出卖出信号时，交易员考虑该股票发行公司的基本面因素。如果基本面分析也显示该股票价值被高估，那么交易员可以更加确信卖出信号的有效性。

学术界对技术分析基本上持否定态度。**有效市场假说（Efficient-Market Hypothesis）** 认为股票价格能迅速反映所有相关信息。由于市场参与者是理性的，任何可以获得高于市场收益的技术分析原则都会被迅速用于套利，导致该原则失效。因此，价格的历史走势不能用于预测其未来走势。**随机游走（Random Walk）理论**则认为股价的变动是随机的和无法预测的。大量研究表明，扣除交易成本后，遵循技术分析原则进行交易不能获得高于市场平均收益的回报。彼得·林奇和沃伦·巴菲特等成功的投资大师也认为技术分析不能准确预测股价走势。鉴于技术分析是活跃交易人士交易决策的主要依据之一，而且技术分析的很多概念及分析方法不时在媒体中提及，我们将技术分析的主要理论、原则和经验法则浓缩在本章列出。

技术分析（Technical Analysis） 是通过研究股票的历史价格和图表来推测股价的未来走势的分析方法。技术分析有三大基础假设：

- 市场包含了一切信息。既然影响价格的所有因素（包括基本面因素、投资者对前景的预测乃至市场心理等）都已经反映在价格上了，那么研究市场价格就已经是研究所有因素作用的总和了。
- 价格呈趋势运动，即当价格形成一定的趋势后，未来价格延续已有趋势运动的几率要高于发生反转的几率。
- 历史经常重演，即价格运动的一些形态会重复出现。这是因为价格运动受市场心理的影响，而市场参与者对类似事件的反应一般是一致的，所以当类似的事件发生时，价格变动的形态往往相似。

一般认为，技术分析是一门艺术，而不是科学。所以，在使用中不应过度依赖书本或别人的经验。在投资实践中让你获得高收益和避免大损失的分析方法和工具就是最好的方法和工具。

1. 股价走势图

股价走势图是反映股票价格随时间变动的图表。大多数的美国券商都为客户免费提供股价走势图。以 Yahoo Finance 为例，登录该网站并输入所需查询的股票代码后，在股票的摘要页点击右侧的股价走势图，可以将其放大。图 6-1 显示的是 Yahoo Finance 提供的股价走势图。读者可以根据我们在图上标示的功能说明尝试按自己需要更改走势图设置。当要回复到系统缺省设置时，只需点击走势图左上方的"RESET"即可。时间区间可在走势图的右下方设定。其中，1D、1M、YTD、1Y 和 MAX 分别表示过去 1 天、1 个月、从年初至今、1 年和最长历史。其余类推。也可以在右下方的输入栏输入起始日和终止日以显示指定区间的股价走势。

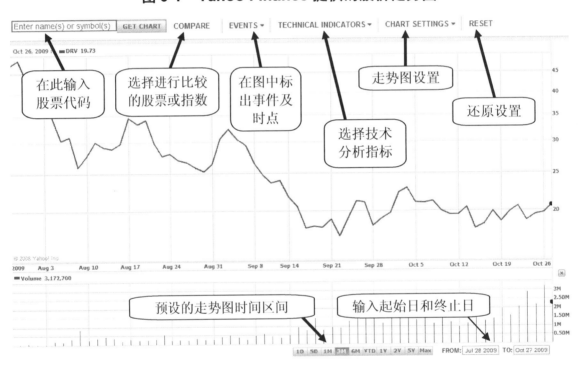

图 6-1　Yahoo Finance 提供的股价走势图

价格走势图类型

常见的价格走势图类型有线形图、条形图和烛形图。

线形图（Line Chart）是将所有相邻的交易时段的收盘价用直线连接起来得到的价格走势图。

条形图（Bar Chart）是由一系列竖线构成的价格走势图。图 6-2 的左图是条形走势图；而右图是走势图中一条竖线的放大。每一根竖线的最高点（最低点）代表相应的交易时段内的最高价（最低价）；与竖线相连的左（右）侧横线代表开盘价（收盘价）。在着色方案上，美国股市走势图的着色方案与中国股市常用的着色方案是相反的。如果收盘价高于开盘价（即价格上涨），竖线为绿色；如果收盘价低于开盘价（即价格下跌），则竖线为红色。

图 6-2　条形股价走势图图解

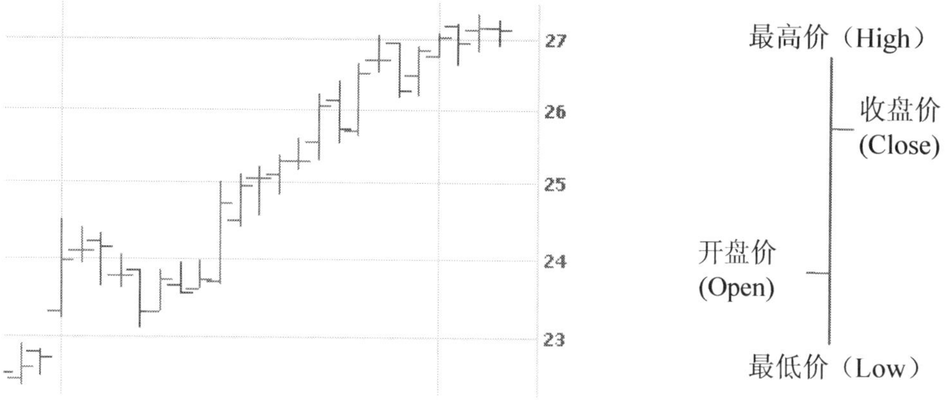

烛形图（Candlestick Chart）是由一系列蜡烛形图线构成的价格走势图。每一根蜡烛形图线反映相应的交易时段内的价格信息。如图 6-3 所示，蜡烛形图线由上影线、实体和下影线构成。上影线和下影线像蜡烛芯而实体像蜡烛体。上影线的最高点代表相应交易时段内的最高价；而下影线的最低点代表相应交易时段内的最低价。实体的上下两端代表开盘价和收盘价。当收盘价高于开盘价（即价格上升），实体为绿色或中空；当收盘价低于开盘价（即价格下跌），实体为红色或全黑。

图 6-3　烛形图图解

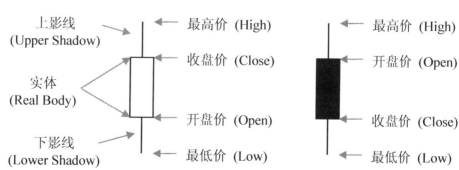

2. 道氏理论

很多技术分析方法都起源于查尔斯·道（Charles Dow）20世纪初在《华尔街日报》发表的一系列评论文章。后人将他的文章整理和发展成一套理论并以道氏理论（Dow Theory）命名。道氏理论主要研究股市的整体走势，而非单只股票走势。下面介绍该理论的六条基本原则：

原则一：市场反映了所有信息。所有已知信息都反映在市场指数上。即使是无法预知的信息，如突发事件，其风险因素也已经反映在市场指数上了。

原则二：市场趋势分三类：主要趋势、次要趋势和小趋势。图 6-4 显示市场的这三类趋势。主要趋势反映了市场的大方向，一般持续一到三年。如果没有明显的反转迹象，主要趋势将继续主导价格的运动方向。次要趋势是主要趋势中的回调。回调的幅度通常为前面趋势运动的三分之一至三分之二。次要趋势一般由一系列与主要趋势运动方向相反的波浪组成，可能持续三个星期到三个月。小趋势持续时间短于三个星期，通常与其所在的次要趋势运动方向相反。投资者应主要关注主要趋势和次要趋势。小趋势包含过多非理性"噪音"，容易使人迷失对大方向的把握。

图 6-4　三种价格趋势

原则三：主要趋势可以分为三个阶段。

> 牛市行情（即上升趋势）的三个阶段为：1）累积阶段是上升趋势的开始。这一阶段往往处于熊市末尾。这时价格水平较低。有见地的投资者开始买

入股票。该阶段的特征是股价由下跌趋势变为平坦并开始上升；2）公众参与阶段。随着商业环境的好转和盈利增长加快等利好消息的增多，投资者信心增强，越来越多的投资者买入股票，促使股价上升。这一阶段是上升行情中持续时间最长，价格上升幅度最大的阶段。这也是大多数技术分析人士买入股票的时候，因为这时上升趋势已经得到确认；3）过剩时期。由于市场买方力量增强，股价被迅速推高。市场情绪过度乐观。有见地的投资者开始减持股票。在这一阶段，应当留意趋势减弱甚至反转的信号。

> 熊市行情（即下降趋势）的三个阶段为：1）分发阶段。这一阶段市场总体情绪仍然乐观。大多数投资者认为市场会继续走高。一些错过之前股价上升机会的投资者急于进入市场以获取高额收益。该阶段的特征是股价由上升趋势变平甚至下跌，卖压增大；2）公众参与阶段。随着商业环境的恶化和盈利增长减缓等利空消息的增多，投资者信心受打击，越来越多的投资者卖出股票，促使股价下滑。这一阶段是下跌行情中持续时间最长，价格下降幅度最大的阶段。这是大多数技术分析人士卖出股票的时候，因为这时下降趋势已经得到确认；3）恐慌阶段。市场上弥漫着消极情绪，股价快速大幅下跌。那些在牛市的最后阶段进入股市的投资者由于恐慌而大量卖出股票。这一阶段的末尾一般是牛市累积阶段的开始。

原则四：各类指数必须相互印证。只有当道琼斯工业指数和铁路指数发出一致的信号时，才能确认主要趋势发生反转。这是因为这两个指数都反映了经济发展状况，如果两者发出的信号不一致，至少表明经济前景不明朗。

原则五：交易量必须印证趋势。股市指数的变动是主要信号，而交易量可用于印证股指变动信号的真实性。

> 当价格沿着主要趋势运动时，交易量应当上升；当价格运动方向与主要趋势相反时，交易量应当下降。比方说，当主要趋势是下降趋势时，价格下降应当伴随交易量上升，而价格上升应当伴随交易量下跌。这是因为当价格下降时，交易者认为价格会继续下降，所以增加卖出。而当价格回调时，交易者认为由于主要趋势仍在下降，所以不急于买入。

> 当交易量的变动与趋势不一致时，表明当前趋势正在减弱。例如，当价格处于上升趋势时，价格的上升伴随着交易量的下降，则表明买方兴趣正在减弱，甚至变为卖方。这种情况下，上升趋势很难持续。

原则六：趋势在出现明显反转迹象之前一直有效。在出现明确的趋势反转信号以前，应当顺着大趋势交易，而不应反其道而行。

3. 趋势分析

趋势（Trend）就是市场的走向。趋势是技术分析中一个非常重要的概念。交易应当顺势而为，逆势操作失败率高。持续时间越长的趋势越重要。例如，一个持续了一年的趋势比一个仅持续一个月的趋势更有可能继续延伸。按照价格运动的总体方向，可将趋势分为上升趋势，下降趋势和水平趋势。由于价格运动的路径一般不是直线，而是呈现高低起伏的波浪形，人们需要从价格运动路线中的一系列波峰和波谷来判断趋势的方向。**上升趋势（Uptrend）**是由一系列相继上升的波峰和波谷组成；**水平趋势（Sideway）**也称横盘整理，是由一系列水平的波峰和波谷组成；而**下降趋势（Downtrend）**则由一系列相继下降的波峰和波谷组成。图 6-5 中价格依次经历了上升、水平和下降三个趋势。

图 6-5　股价变动的三种趋势

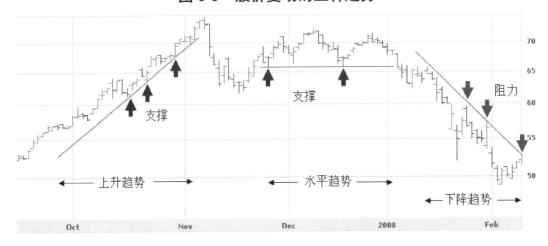

趋势线（Trendline）是股价走势图中标示证券价格总体运动方向的直线。图 6-5 中三条标示趋势的直线就是趋势线。当价格处于上升趋势时，价格每次下跌都不低于趋势线。上升趋势线是与股价轨迹中两个波谷相切，并且低于区间内所有价格的直线。水平趋势线的画法与上升趋势线相同。下降趋势线是与股价轨迹中两个波峰相切并且高于区间内所有价格的直线。

支撑（Support）是指价格不太可能向下突破的最高价位；而**阻力（Resistance）**是指价格不太可能向上突破的最低价位。图 6-5 中用以标示上升趋势和水平趋势的直线就是支撑线；而用以标示下降趋势的直线就是阻力线。

股市的牛熊之争（或多空之争）经常反映在价格是否击穿支撑位或阻力位。当价格下降（上升）到一定程度，也就是接近支撑（阻力）位的时候，市场上的买方（卖方）增加，使得价格难以继续下降（上升）。如果价格向下击穿支撑位或向上击穿阻力位，则往往表明市场的供求关系或心理因素发生变化。这时，价格变动的趋势可能改变。除了由趋势线上的点外，一些整数价位也能成为支撑和阻力位。这是因为交易员常把整数、整十或整百的价位作为目标价格并采取相应的交易策略。

价格在某一支撑或阻力位附近越频繁或交易量越大，该价位的意义越重要。例如，如果价格屡次试探某个支撑位皆无法突破，或在该价位涌现大量买单，阻止价格继续下跌，则表明市场对该支撑位的认识较一致。价格近期内跌破该价位的可能性较小。交易员可以在价格接近该支撑位时买入，等价格反弹后卖出以获利。

当价格强势突破支撑或阻力线时，该线的角色可能互相转换。如图6-6所示，当价格跌破支撑线后，该支撑线变为阻力线。同样地，当价格突破阻力线，阻力线也可变为支撑线。这种转换在股票横盘整理时较常见。

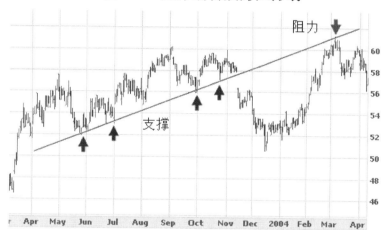

图6-6　支撑线转换为阻力线

通道（**Channel**）的基本形态是价格在两条平行的直线（支撑线和阻力线）之间运动。和趋势线一样，通道可以分为上升通道、水平通道和下降通道。通道的作用在于标示和预测价格的未来走势。只要价格一直停留在既定的支撑线和阻力线之间，就可以认为价格在延续已经建立的趋势。

成交量（**Volume**）是指一定时间内交易的股票数量。成交量越大表明交易越频繁。成交量的变动一般由价格走势图下方的成交量柱状图反映。成交量图中每一根柱线标示对应的期间内交易的股票数量。如果价格走势图是日线图，则每根柱线标示一天的成交量。技术分析中要把价格和成交量信息相结合。成交量可以验证价格变动趋势和形态。考察成交量的原则有：

➢ 在相同的情况下，伴随着成交量大幅上升的价格变动所传递的信息强于成交量无明显变化情况下的价格变动。

- 当成交量与价格趋势相一致时，价格趋势延续的可能性较大。在上升趋势中，价升量涨、价跌量跌，表明上升趋势持续的可能性较大；在下降趋势中，价跌量涨、价升量跌，则表明下降趋势持续的可能性较大。
- 当成交量与价格趋势不一致时，价格趋势可能在减弱甚至消失。例如，当价格超越上一个波峰时成交量减少，则表明市场的购买兴趣降低，上升趋势在减弱。如果价格回调时成交量增加，则进一步证实上升趋势减弱。
- 成交量可用于验证价格形态（见本章第 4 节）。
- 成交量变动先于价格变动。当价格与成交量的变动一致时，未来价格延续现有趋势的可能性较大；当两者发生分歧时，未来价格背离现有趋势的可能性较大。

移动平均（Moving Average）是将若干连续的价格的平均数连接形成的轨迹。移动平均线的平均价格一般是收盘价的平均数。按照加权方法，移动平均主要可分为以下三类：

- **简单移动平均**（Simple Moving Average）是指在计算价格的平均数时，所有价格的权重相同的计算方法。
- **线性移动平均**（Linear Weighted Average）是指在计算价格的平均数时，时间每往后推移一单位而价格的权重相应增加一单位的计算方法。线性移动平均线对越靠近当前时间点的价格赋予的权重越高。
- **指数移动平均**（Exponential Moving Average）是指在计算价格的平均数时，通过一列平滑因子使得越靠近当前时间点的价格权重越高的计算方法。

由于消除了价格短期波动的干扰，移动平均线比实际价格轨迹更平滑。移动平均线是重要的支撑或阻力位。例如，如果价格下跌（上升）到五十日移动平均线处停止下跌（上升），则移动平均线就构成了支撑（阻力）位。如果价格跌破移动均线且成交量显著上升，则趋势反转的可能性较大。

移动平均线可用于识别当前趋势、趋势反转以及支撑和阻力位。主要原则如下：

- 当移动平均线向上（下）时，表明趋势向上（下）。
- 当短期移动平均线在长期移动平均线上（下）方时，表明趋势向上（下）。例如，当 50 日均线在 200 日均线之上时，表明趋势向上。
- 当价格穿越移动平均线时，趋势反转。例如，当处于上升趋势的价格向下穿越 200 日均线时，可以认为上升趋势正在反转，是卖出信号。
- 当短期均线与长期均线互相穿越时，表明趋势反转。例如，短期均线向上（下）穿越长期均线表明趋势开始上升（下降），是买入（卖出）信号。

4. 价格形态

价格形态（**Pattern**）是股价走势图中一些能传递交易信息或预示股价未来走势的图形。价格形态主要有两类：反转和持续。**反转形态**（**Reversal**）预示当该形态结束后趋势将反转；而**持续形态**（**Continuation**）则预示当该形态结束后趋势将继续。趋势的反转通常不会一蹴而就，而是需要一段时间酝酿。当价格运动方向与现有趋势不同时，有可能是一个小的调整，也可能是转折的发生。熟悉常见的反转和持续形态有助于在形态发展过程中尽早区分其类别。

常见的反转形态具有以下共性：

➤ 反转形态之前必先有趋势。否则无趋势可转。
➤ 价格突破趋势线是趋势反转的第一个信号。但不一定表明趋势会反转。
➤ 形态的长度和高度越大，则价格随后的变动就越大。这里的长度，指的是完成形态所需的时间；高度指的是价格的波动幅度。
➤ 价格在牛市顶部停留的时间比在熊市底部停留的时间更短且波动更剧烈。
➤ 成交量信息对预测价格上升很重要。价格上升的同时伴随成交量上升是熊市向牛市反转的重要标志。如果交易量基本不变则牛市不太可能发生。这是因为价格上升需要买方力量的支持；但成交量对预测价格下跌并不重要。因为价格过高时无须大量抛盘也可自行下落。

主要的反转形态包括：头肩形和倒头肩形、双顶和双底、三顶和三底以及圆底。各形态的基本价格轨迹见图 6-7。

头肩形（**Head and Shoulders**）是预示上升趋势结束的形态。如图 6-8 左图所示，头肩形由一个头部（C 点）和两个肩部（A 点和 E 点）组成。股价从高点 C 向下跌破趋势线，并且下一个高点 E 低于高点 C。经过 B 和 D 点的直线称为颈线。颈线可以是水平的，也可以是稍微倾斜的。当收盘价向下突破颈线时，头肩型完成。这时上升趋势反转的可能性很大。

如果将头肩形倒转过来，就成了倒头肩形。**倒头肩形**（**Reverse Head and Shoulders**）预示下降趋势的结束。如图 6-8 右图所示，倒头肩型和头肩形都有四个主要部分：一头（C 点）、两肩（A 点和 E 点）和一条颈线（穿过 B 点和 D 点的直线）。倒头肩形的颈线通常是稍微向上或水平的。向下倾斜的颈线是市场走弱的信号。如前所述，成交量对预测价格上升很重要但对预测价格下跌并不重要。所以，与头肩型相比，成交量信息对印证倒头肩形更为重要。如果头部 C 的交易量低于左肩 A 的交易量、右肩 E 的交易量明显减少、股价向上突破颈线时交易量显著增加，则更能确定趋势将反转。交易量印证形态的这一原理同样适用于下面提到的其它形态。

图 6-7　主要的趋势反转形态

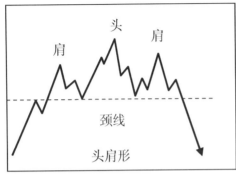
头肩形

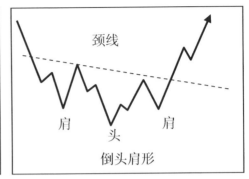
倒头肩形

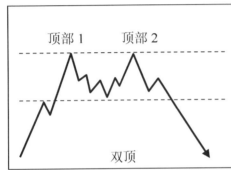
双顶

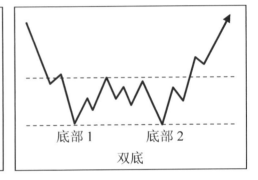
双底

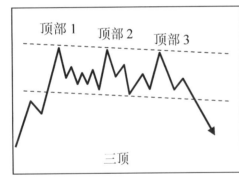
三顶

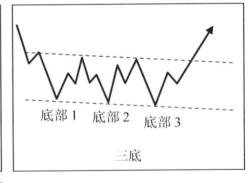
三底

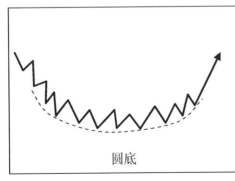
圆底

—— 股价基本走势
----- 支撑线或阻力线

图 6-8 头肩形和倒头肩形

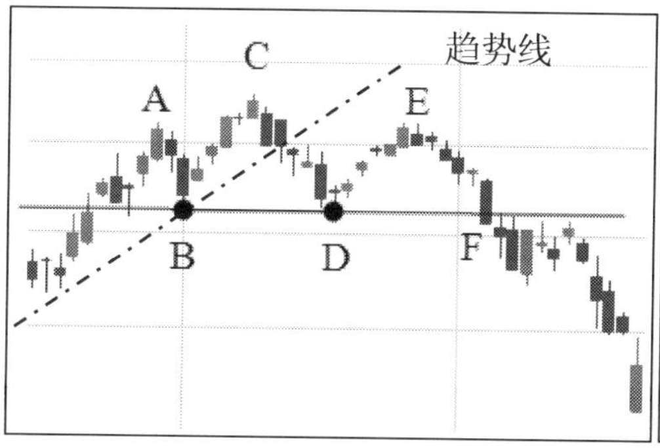

头肩形 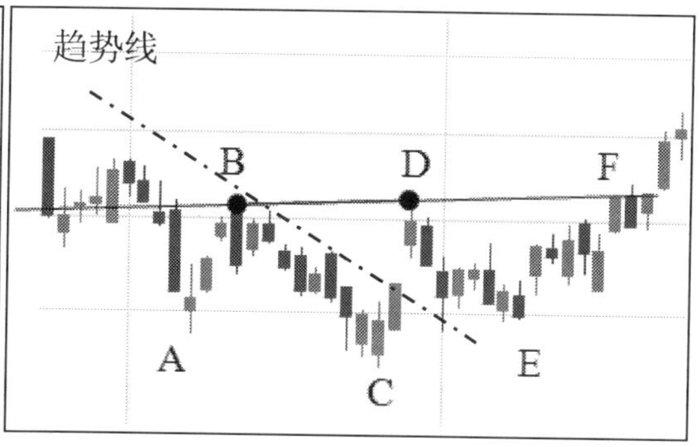　　　　　　倒头肩形

双顶（**Double Top**）是可信度较高的预示上升趋势结束或反转的形态。价格在两次试图向上突破阻力位未果后，向下跌破支撑位。这时双顶形态完成，趋势发生反转。而**双底**（**Double Bottom**）则是双顶的倒转形态，预示下降趋势的结束或反转。

三顶（**Triple Top**）是价格在三次试图向上突破阻力位未果后，向下跌破支撑位而形成的形态。而**三底**（**Triple Bottom**）则是三顶的倒转形态，预示下降趋势的结束或反转。

圆底（**Rounding Bottom**）也称**碟形底**（**Saucer Bottom**），是价格由下跌到上升的缓慢转变形态。这类形态持续时间从几个月到几年不等。一般来说，持续时间越长，传递的信号越强。

持续形态通常预示当前股价横走的形态只是趋势的暂时停顿。当该形态结束后，价格会延续形态发生前的趋势。与反转形态相比，由于持续形态不需要较长的酝酿时间，因此一般持续时间较短。常见的持续形态包括三角形、旗帜形、尖旗形、楔形和矩形。各形态的基本价格轨迹见图 6-9。

三角形（**Triangle**）是价格的波动由大到小的形态。价格在三角形内至少经历四个转折。如果作支撑线和阻力线，这两条线将相交于右方。这一交点就是三角形的时间极限。价格一般在三角形水平距离的三分之二到四分之三之间的位置突破趋势线。三角形既可归为持续形态也可归为反转形态。价格未来走势一般与价格突破的方向一致。换言之，如果突破的方向与三角形之前的趋势一致，则三角形是持续形态；如果突破的方向与先前的趋势相反，则三角形是反转形态。

三角形有对称、上升和下降三种。在对称三角形中，阻力线斜向下而支撑线斜向上。如果先前的趋势向上（下），则价格向上（下）突破趋势线并持续上升（下降）的可能性较大。在上升三角形中，阻力线水平而支撑线上升。价格未来向上突

图 6-9 主要的趋势持续形态

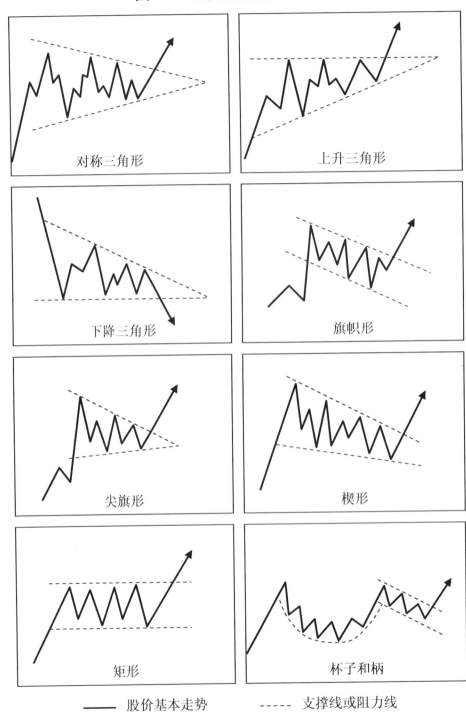

破阻力线的可能性较大；在下降三角形中，支撑线水平而阻力线下降。价格未来向下突破支撑线的可能性较大。当价格在三角形中波动时，成交量应随着三角形收窄而减少。但当价格突破趋势线时成交量应显著上升。

旗帜形（Flag）和**尖旗形（Pennant）**都是在价格大幅变动后出现的短暂调整，持续时间一般为一至两个星期。当价格沿先前趋势的方向突破趋势线时，形态完成，价格延续先前趋势。两者不同之处在于尖旗形的两条趋势线相交而旗帜形的两条趋势线平行。

楔形（Wedge）在外形和持续时间上与对称三角形相似，一般持续一到三个月。与三角形不同的是，楔形是明显倾斜的。其倾斜方向一般与当前趋势相反。换言之，上升楔形预示下降趋势将延续，而下降楔形则预示上升趋势将延续。

矩形（Rectangle）是价格在两条平行的水平线之间波动的形态。矩形是一个价格巩固阶段。价格巩固阶段是指价格在一定的支撑位和阻力位之间波动的时期。这一阶段成交量应减少。交易量的变化是判断价格突破方向的重要依据。如果价升量涨而价跌量也跌，则价格向上突破阻力线的可能性较大；如果价升量跌而价跌量升，那么价格向下突破支撑线的可能性较大。

杯子和柄（Cup and Handle）是判断上升趋势持续的常见价格形态。价格在经历一段上升走势后走出一个杯底形轨迹，随后价格再次下跌，形成杯柄。当价格向上突破阻力线上升时，形态完成，上升趋势继续。这一形态持续时间从几个月到一年。如果向上突破阻力线时成交量显著上升，则进一步印证上升趋势。

交易量印证价格形态的几个原则总结如下：
- 交易量变化应当与趋势一致。
- 交易量信号在价格上升时比在价格下降时更重要。
- 价格巩固阶段时交易量应当减少。
- 价格突破趋势线时，交易量应当显著上升。

5. 指标和震荡量

技术分析中的指标是以价格和成交量信息来衡量资金流、趋势、振幅和动量等的数值。指标的作用主要有：1）印证价格趋势和价格形态的真实性；2）确立交易信号。买入（卖出）信号，也称牛市（熊市）信号，预示未来价格上升（下降），应当在此时买入（卖出或卖空）。指标发出买卖信号的两个主要途径是穿越和背离。

- **穿越（Crossover）**是指价格穿过移动平均线或是不同移动平均线之间相互穿过。穿越通常表明趋势正在发生变化。前面提到的通过移动平均线识别趋势反转就是穿越构成买卖信号的例子。
- **背离（Divergence）**是指价格趋势与指标趋势的方向相反。背离通常表明当前趋势正在减弱，动量正在改变。技术分析中的动量（Momentum）是指价格变化的速度。例如，如果价格处于上升趋势中但上升的速度在降低，则可以说上升趋势正在失去动量。背离分两种：正背离和负背离。正背离是指价格创新低而指标却开始爬升。这是买入信号；负背离是指价格创新高而指标下跌。这是卖出信号。

上涨/下跌（Accumulation/Distribution）是通过将价格变动与成交量进行对比来衡量买卖比率的指标。当价格处于下降趋势中而上涨/下跌指标向上变动（即发生背离），则表明买入力量在增加。下降趋势可能结束。该指标的计算公式如下：

上涨/下跌=((收盘价-最低价)-(最高价-收盘价))/(最高价-最低价)×成交量

ADX 指数（Average Directional Index）是用于衡量趋势强弱的指标。ADX 指数由两个指标构成：正向指标（+DI）和负向指标（-DI）。+DI 衡量上升趋势的强度；-DI 衡量下降趋势的强度。ADX 是 100×((+DI)-(-DI))/((+DI)+(-DI)) 的指数移动平均线。ADX 指数的取值范围介于 0 到 100 之间，取值低于 20 表明趋势很弱而取值高于 40 则表明趋势强劲。

前面提到趋势分析并不适用于价格上下波动而无明显趋势的情况。对于这种情况，震荡量指标能提供有效的交易信号。而且，震荡量在市场趋势运动时，也可以作为趋势分析的补充工具。需要强调的是，震荡量必须从属于趋势分析。当震荡量的信号与趋势分析结论相反时，以趋势分析为准。在大多数情况下，特别是在趋势的初期，交易应当顺势而为。越到趋势的后期，震荡量变得越重要。

震荡量图一般有上下边界和一条中间线。中间线将震荡量区间分为上下两部分。中间线可以被看作支撑和阻力位。震荡量指标穿越中间线表明趋势发生变化。震荡量指标向上（下）穿越中间线是买入（卖出）信号。当震荡量达到上边界的极限值时，往往表明价格上升过多、过快，价格回落的可能性较大。这时的市场称为**超买（Overbought）**。反之，当震荡量达到下边界的极限值时，往往表明价格下跌过多、过快，价格回升的可能性较大。这时的市场称为**超卖（Oversold）**。当证券处于超买或超卖时，都表明价格过度运动，价格趋势反转的可能性增大。

MACD 是移动平均线异同（Moving Average Convergence Divergence）的缩写，是短期和长期指数移动平均数之差。计算公式如下：

$$MACD = 短期\ EMA - 长期\ EMA$$

其中，EMA 是指数移动平均数的缩写。MACD 图中还有一条中期 EMA 线，又称信号线。其作用是当被 MACD 穿越时产生买卖信号。MACD 的中间线又称为零线因为 MACD 取值范围的中点为零。通常使用 12 日和 26 日 EMA 之差作为 MACD 线而用 9 日 EMA 作为信号线。移动平均的期间数可以根据分析的需要而改变。对价格波动大（小）的股票可用较短（长）期间的平均价格。解读 MACD 的基本法则有：

- 穿越：MACD 线向上（下）穿越信号线或中间线是买入（卖出）信号。
- 背离：价格与 MACD 运动方向相反表明当前趋势在减弱甚至终结。
- 中间线：MACD 在中间线上（下）方表明价格处于上升（下降）趋势。
- 急剧上升：MACD 急剧上升表明短期均线远离长期均线过多，价格处于超买状态，不久将会回归正常水平。

MACD 走势也可以绘成直方图（Histogram）。直方图由一系列围绕零线的柱线构成。每一根柱线等于 MACD 与信号线的距离。当 MACD 高（低）于信号线时，柱线在零线之上（下）。柱线越长，表明价格上升或下降的动量越大。

RSI 是相对强度指数（Relative Strength Index）的缩写，是判断超买和超卖的常用指标。计算公式如下：

$$RSI = 100 - \frac{100}{100 + RS}$$

其中，RS = 价格上涨期收盘价平均值 / 价格下跌期收盘价平均值

可以根据实际情况调整 n 的取值。一般取 14。n 越小，RSI 的变动越明显、幅度越大。短线交易者可以减少 n 值以增加 RSI 对价格的敏感度。例如，9 天、5 天和 7 天。增加 n 值可以消除干扰因素、平滑 RSI 的波动。例如，21 天或 28 天。RSI 的取值范围在 0 到 100 之间。解读 RSI 的基本法则有：

- 一般来说，RSI 大于 70 为超买，小于 30 为超卖。由于 RSI 在超买或超卖区间进一步靠近边界的情形并不罕见，所以，不应仅因为 RSI 处在超买或超卖区间就作出交易决策。更保守的判断法则是 80 超买 20 超卖。
- 穿越：RSI 向上（下）穿越超卖（超买）边界构成买入（卖出）信号。RSI 向上（下）穿越中间线可用于印证价格趋势向上（下）。
- 背离：如果价格的上升伴随 RSI 的下降，则表明卖方压力增强，上升趋势即将反转。如果价格的下跌伴随 RSI 的上升，则表明买方压力增强，下跌趋势即将反转。

6. 艾略特波浪理论

美国人拉尔夫·艾略特（Ralph Elliott, 1871 – 1948）提出投资者的群体心理在乐观与悲观之间来回摆动导致股价的波动。所有的人类社会经济发展进程都以一定的节律做波浪式运动。进程中会反复出现一些相似的数字和形态。这一思想是艾略特波浪理论的出发点。一般认为艾略特波浪理论受道氏理论的影响很深，是道氏理论的延续。值得强调的是，由于群体心理是波浪理论的重要基础，该理论应用于解释股市综合指数或有广泛参与者的商品指数（例如黄金）的走势，而解释个股价格变动的效果很差。

波浪理论包括形态、比率和时间三个重要部分。其重要性依次下降。形态是指波浪的形态和构造；比率是指各浪之间呈现一定的比率关系；时间可以用来确定波浪的形态和比例。艾略特波浪理论的一些重要结论如下[①]：

- 一个完整的循环包括五个上升浪和三个下跌浪。
- 波浪有不同的规模和级别。循环的时间跨度可长达百年也可短至几小时，但八浪一循环的基本模式不变。
- 波浪既可合并为更高一级的大浪，也可分割为更低一级的小浪。
- 调整浪的形态主要有锯齿形（5-3-5）、平台形（3-3-5）和三角形（3-3-3-3-3）。
- 波浪的形态、级数、比率以及时间均服从菲波纳奇数列。
- 常见的股价回撤比例是62%、50%和38%。
- 交易策略建议：1）在上升的五浪中：在第一浪试探性地建立部分仓位，爱冒险者可在第二浪50%的时候建仓，第三浪突破第一浪高点时买进或加码，在第四浪的底部或靠近第一浪顶部的地方买进，到第五浪时，一旦有反转迹象立即卖出；2）在下降的三浪中：在第一浪清仓，第二浪是最后的卖出机会，如果到了第三浪还未卖出则可在第一个下降浪的底部位置卖出。

7. 江恩理论

江恩理论是由威廉·江恩（William Gann, 1978-1955）创立的用数学、几何学和天文学方法预测金融市场走势的理论。在其著作 45 Years in Wall Street[②] 里，江恩将自己的经验总结为 12 条交易规则和 24 条常胜规则。其中 12 条交易规则如下：

1. 研判市场趋势。股市综合指数十分重要，可以用来判断大盘行情。

---

① 希望进一步了解艾略特波浪理论的读者，可参考《艾略特波浪理论：市场行为的关键》，小罗伯特·普莱切特和阿尔弗雷德·弗罗斯特【合著】，陈鑫【译】，机械工业出版社，2003年。
② 中文译本为《江恩华尔街45年》，威廉·江恩【著】，陈鑫【译】，机械工业出版社，2003年。

2. 在单底、双底和三底买入。市场以前的底部是重要的支撑位。当股价再次回落到该位时就会受到强力的支撑。但当股票第四次跌到同一水平时,它几乎总是要破位继续下跌。
3. 按百分比买卖。应当顺着主要的趋势进行操作。当股价从任何高位下跌50%时是买入时机;而当股价从任何低位反弹50%时是卖出时机。
4. 按三周上涨或下跌买卖。调整或反弹的平均时间为三周。当主要趋势向上时,可在股价调整三周后买入,当主要趋势向下时,可在股价反弹三周后卖出。
5. 市场分段运动。一个真正的牛(熊)市会经历三至四个向上(下)的浪。
6. 在个股调整5至7个点时买卖。股价调整或反弹通常少于10个点。从任何重要的头部或底部开始的18至21个点的上涨或下跌常常表示一轮行情的结束。要明确何时了结获利。不要在明确的转势出现前平仓。
7. 成交量有助于判断趋势的反转。
8. 时间周期对研判趋势最为重要,因为时间可以使价格失去平衡,而且当时间到了,成交量会放大并迫使价格走高或走低。
9. 在市场的高点和低点依次上移时买入,因为这表明主要的趋势向上;在市场的高点和低点依次下移时卖出,因为这表明主要的趋势向下。
10. 牛市中,趋势的反转往往出现在节日附近。熊市中,趋势的变化或反转往往发生在市场突破前一次振荡的最高点时。
11. 在确定趋势反转形成之后买卖股票。股价形成双底后突破第一次反弹的最高点时是最安全的买点。最安全的卖点是在股价长期上涨后,形成双头并随后跌穿第一次下跌时的最低点。永远顺势而为,绝不逆势而行。
12. 当股价的上升或下降明显快于历史平均水平时,会出现迅速的回调或反弹。

江恩指出,要在股市上获得成功,就必须制定明确的规则并且严格执行。江恩的24条常胜规则如下:

1. 资金管理:绝不在一次交易中使用超过十分之一的资金。
2. 使用止损指令:在离成交价的3至5点处设置止损指令以保护资本金。
3. 不过度交易。交易次数越多则每次决策的时间越短,越容易判断错误。
4. 不让盈利变成亏损:当利润超过3点时立即下达止损指令。
5. 不逆势操作。如果无法确定趋势的方向就不要买卖。
6. 看不准行情的时候就退出,也绝不入市。
7. 只交易活跃的股票。避免那些运动缓慢或成交量小的股票。
8. 平均分摊风险:不把全部资金投到一只股票上。最好分摊在4到5只股票上。
9. 不限制委托条件或下限价指令。应使用市价指令。
10. 没有好的理由时不要平仓。用止损指令保护利润。
11. 将部分交易盈余存起来,以应付紧急情况或在市场恐慌时使用。

12. 不要仅仅为了获得一次分红而买进股票。
13. 绝不在发生损失时加仓以求摊低成本。
14. 绝不急不可耐地入市,也不因为失去耐心而出市。
15. 避免为了赢小利而亏大钱。
16. 不在交易时撤消已经设置了的止损指令。
17. 避免频繁地进入和退出股市。
18. 愿卖的同时也要愿买。让目的与趋势保持一致并从中获利。
19. 绝不仅仅因为股价低而买入,也不仅仅因为股价高而卖出。
20. 加码的时机:等股票交易变得活跃并冲破阻力位后再加码买入,等股票跌破主力派发区域后再加码卖空。
21. 挑选小盘股买入,挑选大盘股卖空。
22. 绝不对冲。当买入的股票价格下跌时,不要卖空另一只股票来对冲。应当认赔离场,等待另一个机会。
23. 建立仓位后不轻易变换多空位置。必须有好的理由才交易或按照明确的计划交易。建立仓位后,不在市场未出现明确的转势迹象前离场。
24. 交易长期成功或赢利后,不可增加交易。

8. 日历效应

日历效应(Calendar Effect),又称**季节效应**(Seasonality),是指投资回报随时间的推移而发生周期性变动。从股票价格的历史数据可以发现股市在一年中某些时期表现优于其它时期。虽然研究结果随样本时间段、股票指数的选取和计算方法等的不同而异,但有些规律似乎能持续很长时期。例如,过去三十多年里,美国股市表现最糟糕的月份通常是九月。即使排除了 2001 年九月(911 事件),情况依然如此。其它较差的月份还有七月和十月;表现最好的三个月是十一月、十二月和一月[①]。其它经常提及的日历效应还有:

五月卖出并离开(Sell in May and go away):每年的五月是熊市的开始。投资者应当在每年五月将全部股票卖出,离开股市,并在当年十一月回到股市,买进股票。股票交易员年鉴(Stock Trader's Almanac)指出,一年之中最佳的投资时段是从每年十一月到次年四月。从 1950 年到 2007 年,标准普尔 500 指数的大部分收益来自 11 月 1 日到次年 4 月 30 日之间。由于投资者进入股市的时间接近万圣节(每年十月底),所以,这一规则也称为**万圣节指标**(Halloween Indicator)。

周末效应(Weekend Effect):股市在星期五的表现往往优于紧接下来的星期一。对这一现象的解释有:1)券商通常在星期一到星期五推荐值得买入的股票,

---

① Technical Analysis: Power Tools for Active Investors, Gerald Appel, Prentice Hall, 2005.

投资者据此买入股票使得股价上升。当投资者在周末进一步研究股票的时候,对股票前景的乐观程度降低,并决定在周一卖出股票,从而导致周一股价下跌;2)当需要向外界发布负面消息时,公司倾向于在周五收市之后发布。这导致了周一股价的下跌;3)为降低风险,一些卖空股票的投机者在周末之前买入卖空的股票以平仓,从而导致周五股价上升。

星期一效应(Monday Effect):股价在星期一的表现往往承接上星期五的表现。也就是说,如果股价在上星期五上升(下降)的话,那么星期一股价继续上升(下降)的可能性较大。

季度末效应和年末效应:每个季度,基金要向客户和股东报告上个季度最后一个交易日结束时所持有的主要股票及市场价值。为了让投资业绩更吸引人,一些基金经理在季度结束前较短的时间内进行两类交易:1)买进已持有的股票以拉抬股价,使基金所持的股票市值暂时增加;2)卖出表现差的股票,买进近期表现好的股票。这类交易可以造成基金经理能挑选到好股票的假象。基金经理这种粉饰投资业绩报告的行为通常被称作**粉饰橱窗(Window Dressing)**。粉饰橱窗的行为有可能导致股票价格在季度或年度结束时出现较大的上涨。股价的波动性也会因为这些交易而增加。由于购买的股票一般会在新季度或年度开始后卖出,所以,股价可能会短期内回复到上一季度结束前的水平。

假期前效应(Pre-Holiday Effect)是指股票往往在公众假期之前一天表现较好。平均来说,在放假前两天买入股票并在假期结束后的第一天卖出可以获得较高收益。对这一现象的解释是部分交易员在度假前减少股票持有量和卖空量以降低放假期间因为意外的消息而导致损失的风险。

总统选举周期(Presidential Election Cycle):美国的总统选举每四年一次。美国股市也随着选举发生周期性波动。过去 50 年的历史数据表明,股市在选举年(总统任期的第四年)表现较好;随后的两年(总统任期的第一和第二年)表现较差;预选年(即总统任期第三年)是四年周期中表现最好的年份。从 1939 年至 2007 年,道琼斯综合指数在预选年总是上升的。对这一现象的解释是:为了赢得连任,政府较有可能在总统任期的后两年努力刺激经济,创造好消息。预选年增加的好消息刺激了股票投资。而选举结束后的两年中,由于好消息减少,战争、经济萧条等坏消息较多,导致股市表现较差。

一月晴雨表(January Barometer):标准普尔 500(S&P500)指数在一月份的表现预示该年的市场表现。如果标准普尔 500 指数在一月份上升,那么该年该指数上升的几率较高。

一月效应(January Effect):美国股市一月份的收益率显著高于其它月份的收益率,并且这一高收益主要来源于小型股票在一月上旬的较高收益率。对这一现象的解释是一些投资者在十二月份卖出亏损的股票以将亏损冲减当年应税收入,从而降低个人所得税额。所以，一些股票价值在十二月由于大量卖盘而被低估。而一月份的较高收益来源于这些被低估的股票价格回复合理价值水平。一月效应近年来在美国股市已经变得不明显。原因有：1）市场套利使得股票价格不至于过多偏离合理价格水平；2）越来越多的投资者参加避税退休金计划，从而使得采用出售亏损股票减税的方法变得不重要。

十月效应（October Effect）：十月据说是股市在一年中最危险的月份。这种说法的根据是历史上几次著名的股市暴跌分别发生在 1929 年和 1987 年的十月。1929 年十月发生了著名的黑色星期一、星期二和星期四，股价大幅下跌。1987 年 10 月 19 日，道琼斯指数一天内下跌 22%，并引发了全球股市的下跌。研究表明，美国股市表现最差的月份实际上是九月份。该月的平均收益率为负数。而股市指数在十月份的平均回报虽然较低，但还是正数。

9. 电脑交易决策系统

由于交易员很容易受市场波动和个人情绪的影响而作出错误的交易决策，一些公司使用电脑系统进行交易决策以减少这类错误的发生从而提高投资收益。

规则交易（Rule-Based Trading）是指根据严格而明确的交易规则进行交易的系统。例如，交易员可以将交易规则设定为当股价向上击穿 50 日均线时买入。与其它技术分析方法不同的是，这类系统所定义的规则非常明确而不含主观判断成分。采用电脑交易决策系统的优点在于 1）纪律性：不受情绪影响；2）确定性：可以对交易规则的绩效进行测试。不少券商为客户提供一些简单的交易规则功能。例如，客户可以设置当股价变动超过一定百分比或 52 周新高等条件时，某笔交易指令生效。如果要设置更复杂和灵活的交易规则，则要找专门为交易人士服务的券商。这类券商主要有 Interactive Brokers、Lightspeed Trading 和 Bright Trading 等。但这类券商的交易界面对很多普通投资者来说过于复杂或要求较高的交易量。

算法交易（Algorithmic Trading）是指依靠计算机算法程序决定交易的时机、价格、数量并自动下达交易指令的做法。这类交易需要高性能的计算机和稳定的宽带网络等昂贵设备支持。交易执行的速度相当快（以毫秒计算），所以又称为高频交易。截止 2009 年，高频交易产生的交易量占全美股票交易量的 73%以上[①]。退休基金和共同基金等机构投资者通常用计算机程序将大笔交易分割为多笔较小金额的交易以降低大笔交易对价格的影响和控制风险；造市商和一些对冲基金则用算法交易增加股票的流动性和自动执行交易指令。计算机算法的种类很多，主要可用于执行以下交易策略：

---

① 数据来源：http://advancedtrading.com/algorithms/showArticle.jhtml?articleID=218401501

> 降低交易成本：一次性买入（卖出）大量的股票容易导致股价上升（下跌），从而增加买入成本（降低卖出收益）。将交易分批进行可有效降低交易对股价的影响。而且，分批交易也可以减少一次性交易后股价变动导致的损失。衡量这类算法有效性的方法是将平均成交价与 TWAP（时间加成平均价）或 VWAP（成交量加成平均价）相比。如果算法交易的平均成交价比 TWAP 或 VWAP 好，则该算法能有效降低交易成本。
> 增加股票流动性：造市商的一个功能是增加市场上可供出售或买入的股票的数量。计算机算法提高交易决策和执行的速度并能处理更大量的交易。
> 套利交易：计算机算法可以监控和迅速捕捉不同市场或不同证券之间定价相对不合理产生的市场机会。这类套利机会风险较低但稍纵即逝，交易员难以捕获。这类交易对计算速度和带宽要求非常高。

近年来，神经网络系统在预测股价走势方面的应用也在增加。其基本原理是模拟生物神经网络的学习和认知机制来发掘股价走势规律并用于预测未来股价走势。人类的大脑中包括了成百上千亿神经元细胞。这些神经元相互联结、互通信息，以此来完成学习、推理、识别图形以及预测等任务。**计算机神经网络（Neutral Network）**是与人类大脑信息处理机制相似的、用于识别图形形态和作预测的计算机系统。神经网络系统的一个优势在于能够从大量表面上似乎毫无关联的数据中识别重复出现的图形形态。

神经网络系统由多个个体神经元以分层形式组合，并通过网络结构相互联结组成。每个神经元是一个数学函数。这些神经元接受数据输入并且将其加总后产生输出数据。系统根据各因素的重要性对其赋予不同的权重。为了让计算机神经网络做预测，必须先让其从历史数据中总结规律。这一过程称为"学习"。神经网络系统的学习过程是通过误差最小化的数学方法实现的，即用反复迭代的方法总结出隐藏的图形形态以及因素之间的非线性关系等规律。总结出来的规律储存在一个加权矩阵中。矩阵中的权重可以随着新信息的输入而改变。系统根据已总结的规律和新输入的数据对未来股价走势或股价指标作出预测。

在将神经网络系统投入使用前，要测试其预测结果的准确性。测试方法是用神经网络系统预测股价在一段从未输入过该系统的样本区间里的走势。然后将预测结果与股价在该样本区间的实际走势相对比。使用神经网络学习的时候要避免系统对数据过度总结，即系统记忆过多的细节以至于总结出来的规律仅适合所研究的样本，而不能概括其它样本的特性。过度总结得到的规律不能准确预测未来走势。

10. 参考书目

技术分析的方法和指标很多。下面列出一些备受推崇的书籍，包括技术分析、日交易的成功诀窍、交易员访谈录等。欢迎访问 www.meigu168.com/booklist.htm 以获得随时更新的书籍列表及书评。

- How Technical Analysis Works, Bruce M. Kamich, Prentice Hall Press, 2002.
- Stock Market Wizards: Interviews with America's Top Stock Traders, Jack D. Schwager, Marketplace Books, 2008.
- Technical Analysis: The Complete Resource for Financial Market Technicians, Charles D. Kirkpatrick and Julie R. Dahlquist, FT Press, 2006.
- Technical Analysis of the Financial Markets: A Comprehensive Guide to Trading Methods and Applications, John J. Murphy, Prentice Hall Press, 1999.
- The New Market Wizards: Conversations with America's Top Traders, Jack D. Schwager, Marketplace Books, 2008.
- The Truth about Day Trading Stocks: A Cautionary Tale About Hard Challenges and What It Takes To Succeed, Josh DiPietro, Wiley, 2009.
- Technical Analysis of Stock Trends (9th Edition), Robert D. Edwards, John Magee and W.H.C. Bassetti, AMACOM, 2007.
- Technical Analysis from A to Z (2nd Edition), Steven Achelis, McGraw-Hill, 2000.

第七章 影响股价的主要公司事件

留意股市新闻的读者会发现，股票价格有时候在盈利公布和收购兼并等公司事件发布时发生大幅变动。公司事件能影响股价的一个主要原因在于它们能揭示一些关于公司的发展现状和前景的信息。读者可以从美国的商业电视台、电台、报刊和网站获得最新的公司新闻和评论。另外，美国证券法规定，当上市公司发生重大事件（例如收购兼并、破产、高层管理人事变动等）时，必须在四个工作日之内向 SEC 提交报告 Form 8-K 公开事件的一些细节。本章讲解八类主要的公司事件及其对股价的影响。需要说明的是，大多数公司事件研究都是基于对较长一段历史时期内多个同类事件综合分析得到的。这些结论虽然有助于提高分析的准确性，但在分析个别事件时，其它因素可能导致实际结果与先前的研究结论不一致。所以，在实际分析中不应照搬以前的结论，而应具体问题具体分析。

1. 盈利公布

盈利公布（Earnings Release）是指上市公司在每个季度（或年度）结束后一定时间内公布其上一季度（或年度）的经营状况的行为。美国证券法要求上市公司在第一、第二和第三个季度结束后 45 天内提交季度财务报告 10-Q；在年度结束后 60 到 90 天（视公司类别而定）内提交年度财务报告 10-K。投资者可以从雅虎财经等网站提供的盈利公布日历找到上市公司盈利公布的时间表以及分析师对盈利的预测值；公司的财务报告可以从公司网站或 SEC 的 EDGAR 系统找到。网址见本书第四章第 4 节。

盈利报告反映了公司经营业绩的好坏。但是，股价的反应并不是由业绩的绝对好坏决定，而是由盈利公布值与市场预测值的差异决定。高（低）于市场预期的利润或营业收入能导致股价上涨（下跌）。例如，投资者对公司 XYZ 上个季度利润的平均预期是每股亏损 2 美元。当前股价反映了市场对该公司利润的这一预期。如果公布的每股亏损为 1 美元，比市场预期的要好，则该盈利公布是好消息。投资者根据新公布的利润数据提高对该公司未来利润增长的预期。由于盈利公布前股价被低估，投资者会买入该股票，从而推高股价。

盈利报告中最受市场关注的信息是利润和销售收入。利润增长可以通过增加收入和削减成本两种方式实现。其中，成本下降的空间是有限的而且可能损害利润的长期增长（例如，削减成本导致产品和服务质量下降，损害未来销量）；收入的增长才是利润长期增长的源泉。所以，有时当利润好于预期但销售收入比预期差时，投资者可能会降低对该公司未来利润增长的预期，导致股价下跌。

金融研究表明市场对盈利公布短期内反应滞后而长期反应过度[1]。当一只股票的利润刚开始高于市场预期时，市场对其能否长期保持较高的利润持谨慎态度，因为利润的增加很可能是由短期因素引起的。所以，股价并没有立即上升到完全反映该公司的未来盈利能力的水平。这就是短期内股价反应的滞后。随着公司在未来几个季度里业绩都好于市场，投资者开始意识到该公司的长期盈利能力较原先预期的强，因此增加对该股票的购买。这就导致了业绩好于预期的股票价格在盈利公布后较长一段时期里表现持续好于股市平均水平。但是，如果一只股票在过去较长时期里利润都高于市场预期，则投资者会对这一连串好消息过度反应，即高估该公司的盈利能力从而导致股价被高估。这就是市场的长期过度反应。当股票无法再达到投资者过高的利润期望时，投资者会由于失望而卖出该股票，导致股价下跌。同样道理，业绩刚开始差于预期的公司，股价会由于短期内股价没有充分下跌而在业绩公布后较长时期内继续下跌。而业绩在过去多次差于预期的公司，股价被低估。当市场发现其价值时，股价会上升。市场反应滞后的平均长度大约为六个月[2]，也就是说如果在盈利公布后立即买入业绩好于市场预期的股票，六个月后将股票卖出获得的平均回报高于市场回报；市场过度反应的酝酿期为三到五年[3]，即如果买入（卖空）过去三到五年里股价表现差（好）的股票并在一到三年后卖出（买入），可获得的平均回报高于市场平均水平。

一般来说，市场预期是指股票分析师对股票利润预测值的平均数。Thomson Reuters是计算并发布市场预期值的主要公司之一。该公司收集股票分析师提供的每股利润预测值并计算出平均数。如果分析师在临近盈利公布日时根据新的信息修改对每股利润的预测值，公布市场预期值的公司并不会立即更新平均预测值。这些尚未反映到公开的每股利润平均预测值中的最新预测值称为**耳语数字（Whisper Number）**。

股价对实际值与耳语数字之差的反应大于实际值与市场预期值之差。例如，高盛（代码：GS）公布2009年第三季度业绩前，每股利润的市场预期值为4.24美元。但在其公布业绩前一天，J. P. Morgan（代码JPM）公布的每股利润大大高于市场预期。一些分析师立即上调对高盛公司的利润预测值。而这一调整并没有立即反映到公布的平均值中。到高盛公布业绩前，每股利润的耳语数字为6美元。高盛公布每股利润为5.25美元。这一数字虽然高于公开的市场预测值（4.24美元），但低于耳语数字（6美元）。业绩公布后，高盛的股价下跌。另外，研究表明，耳语数字预测每股利润的准确性高于正式公布的分析师预测平均值。例如，Bloomberg的一份报告显示，股票

---

[1] Michael Kaestner, "Investors' Misreaction to Unexpected Earnings: Evidence of Simultaneous Overreaction and Underreaction," 2006.
[2] Jegadeesh and Titman, "Returns to buying winners and selling losers: implication for stock market efficiency," Journal of Finance, 1993.
[3] DeBondt and Thaler, "Further Evidence on Investor Overreaction and Stock Market Seasonality," Journal of Finance, 1987.

分析师对利润数据预测平均值的错误率为 44%，而耳语数字的平均错误率仅为 22%，明显低于前者[①]。提供公司利润耳语数字的网址参见第四章第 4 节。

盈利公布除了对公布业绩的公司股价产生影响外，还可能影响其它公司的股价。像 Caterpillar（CAT）或通用电气（GE）这样的在本行业乃至整个经济体中占据重要地位的公司，其经营业绩可能预示该行业甚至整个经济的发展前景。盈利公布对本行业的平均股价或整个股市的影响一般是正向的：当业绩好（差）于市场预期时，可能导致本行业股价上升（下跌）。盈利公布对竞争对手的股价影响则可能是反向的。例如，如果 Target（TGT）的财务报告显示由于最近从 Wal-Mart（WMT）处抢走不少顾客，其利润增长快于市场预期，则投资者可能会降低对 Wal-Mart 未来利润增长的预期，从而导致 Wal-Mart 股价下跌。

2. 股票回购

股票回购（**Stock Repurchase**）是指公司买回自身股票的行为。公司可以将回购的股票撤销或库存。在总利润不变的情况下，股票回购可以减少股票数量，从而增加每股利润和每股价值。股票回购消息公布时，股价平均上涨 3%，而且消息公布后较长一段时期里股票的年回报率比市场平均回报率高 3%[②]。

股票回购的动机主要有：

- 管理层认为股票价值被低估，因此通过股票回购向市场表明其对本公司的信心。这是一个好信号。
- 将多余的资金回馈股东。股票回购可以提高股价，从而增加股东的资本利得。而长期资本利得的税率低于股息税率。所以，不少股东希望公司采用股票回购而不是增加股息的方式回馈股东。
- 回购管理层的股票。当公司管理层变现股票或期权[③]时，公司一般会回购股票以保证管理层能以较高的价格变现。这是公司留住管理人才的一种手段，有利于公司的长远发展。
- 为了反收购而回购股票。股票回购可以提高股价从而增加收购方的收购成本、降低收购活动的潜在收益，因此是抵御敌意收购的一种手段。

---

① Leefeldt, Ed, "Whispers That Roar", Bloomberg Magazine, August 1999.
② Ikenberry, Lakonishok and Vermaelen, "Market underreaction to open market share repurchases", Journal of Financial Economics, 1995.
③ 很多上市公司为了激励管理层而向其发放本公司的股票和股票期权。当公司业绩好时，股票和股票期权的价格上涨，管理层的收入也相应增加；而当公司业绩差时，管理层的收入会由于股价的下跌而减少。所以，与支付固定的薪酬相比，发放股票和股票期权可以将管理层和公司的利益更紧密地联系起来。管理层获得期权后可以将期权卖出或执行期权以换取本公司股票。

股票回购的资金主要来源于留存利润和借贷。如果资金来源是前者,则股票回购可以减少公司持有的现金,有利于减少资金滥用现象。当公司留存的资金过于充裕时,管理层可能会将多余的资金投资于一些低收益项目或增加管理层福利(例如装修办公室和公费旅游等)。而这些活动对股东并无益处。

如果资金来源是借贷但公司的负债比例适度则反映了管理层对公司盈利的信心较强,因为一般来说只有当回购所产生的收益大于利息支出,管理层才会增加负债来回购股票。但是,如果股票回购导致公司的负债比例过高,则会增加公司的经营风险。2000年股市泡沫破灭前,不少美国公司举债回购股票以增加每股利润,结果在随后发生的经济衰退中由于负债率过高而倒闭。所以,投资者应考虑为回购股票而增加的债务是否会危及公司的未来。

另外,如果股票回购的同时伴随公司内部人士不寻常地大量卖出股票,则股票回购很可能是为了让管理层其能以较高的价格撤出资金。这是一个坏信号,应加以留意。如需了解内部人交易如何影响股价,请参阅本章第4节。

3. 股息变动

股息变动(**Dividend Changes**)是指公司增加或减少每股股息的行为。一些利润稳定成长的公司会持续小幅度增加股息以保持股息的实际购买力(抵消物价上涨的影响)。这种长期小幅增加股息的行为往往已经被市场所预期,所以不会对股价产生显著影响。但是不被市场预期的股息变动则会导致股价变动。

由于股息是投资者决定是否投资一只股票的重要考虑因素,公司一般不会由于利润的短期波动而减少或显著增加股息。当利润受短期因素影响而下降时,公司可以通过增加负债的方式筹集资金以发放股息;而当短期因素导致利润增加时,公司更倾向于通过股票回购或特别股息①的方式回馈股东,而不增加股息。这样可以避免日后利润回复正常水平时被迫减少股息。所以,股息变动很可能反映管理层对公司长期盈利能力的预测。

公司显著提高股息(如10%或以上)最有可能的两个原因是:1)管理层预期未来利润会显著增加。这种原因引起的股息增加会推动股价上涨;2)公司已经进入成熟期,利润再投资的需求减少,因而可以派发更高的股息。这种原因引起的股息增加对股价的影响视具体情况而定。一方面,股息的增加带来股东收益的增加从而推动股价上涨;但另一方面,股息的增加导致可用于再投资的资金减少,未来股息增长率可能下降。这意味着该股票由成长股变为收入股。股票属性的这种改变可能会导致股东结

---

① **特别股息**(**Special Dividend**)是指公司一次性发放的股息。特别股息与普通股息的不同之处在于前者是一次性发放,而后者是固定每个季度发放。

构的变化。例如，当股息显著增加，一些以成长股为主要投资对象的投资者可能会卖出该股票；而一些以高股息股票为主要投资对象的投资者可能会买入该股票。还有一些投资者会由于股息的税率高于长期资本利得税率而卖出该股票。由于不同类型的投资者愿意接受的股票价格水平不同，股东结构的改变可能会导致股价的变化[①]。

公司降低甚至取消股息的行为往往是由于管理层认为公司未来利润将下降，股价一般会下跌。取消股息对股价的负面影响大于降低股息，因为取消股息很容易使投资者认为公司股息政策正发生根本性的变化。当管理层认为公司未来盈利前景不佳时，会降低股息，但一般不愿意完全取消股息。另外，减少股息的行为不太可能是由于公司发现新的经济增长点而需要加大再投资。因为如果投资项目收益高的话，公司通过借贷方式进行融资的资本成本更低。

与前面提到的盈利公布类似，平均来说，股市对股息变动的反应也是滞后的。也就是说，当公司出乎意料地宣布上调（降低）股息时，股价并没有立即上升（下降）到合理的价格水平。所以，上调（降低）股息的股票在消息公布后一段时期内平均表现好（差）于股市平均水平。

4. 内部人交易

内部人交易（**Insider Trading**）指的是公司内部高层管理人士买卖本公司股票的行为。由于内部人掌握一些外界不知道的信息，他们的买卖行为有可能预示公司股票的未来走势。

内部人购买股票的动机一般有：1）对本公司的信心较强；2）掌握未被外部知道的消息；3）为了显示对公司的忠诚。内部人士持股比例的增加使其个人收入与公司股价的联系更紧密，因此有利于提高其工作积极性。所以内部人购买股票对公司是有利的。内部人个人的小额购买行为不构成好消息。但如果购买股票的内部人士不止一人，而且购买金额大，次数多，则这家公司很可能有外界所不知道的好消息。

内部人卖出股票的动机则有很多，比方说，变现股票以应付个人及家庭的开支或分散财务风险。由于过去 20 年里，股票和期权逐渐成为上市公司管理层综合报酬的一个很重要部分，管理层出售本公司股票以获得现金收入变得十分常见。所以，不能单纯通过内部人卖出行为判断公司出现困难。当投资者发现某一时期内部人卖出交易显著上升时，还应当关注该公司的其它新闻。比方说，有没有分析师质疑该公司的经营状况或是关于该公司及其行业的一些负面新闻。当内部人因为公司经营困难而卖出股票时，有时为保证股价不在卖出前下跌而说一些诸如本公司资金充足，营运正常之类

[①] 由于股东结构的改变而导致股价变动的现象称为**客户效应**（**Clientele Effect**）。

的话。投资者应该看管理层的实际行动而不轻信他们的解释。例如，安然公司（Enron）曾通过一系列会计欺诈和虚假交易等手段在短短几年里成为世界上最大的电力、天然气以及电讯公司之一。市值最高时曾超过800亿美元。当股价达到90美元的高点时，高层经理知道通过欺诈手段隐瞒的亏损和虚增的利润终将曝光，于是在不断向投资者和公司员工宣称股价将会上涨到130到140美元的同时，暗中大量卖出本公司股票。当股价由于这些人的抛售而下滑的时候，公司首席执行官Kenneth Lay多次发布声明保证公司发展态势良好。很多人相信了Lay的谎言，继续持有甚至买入安然的股票。到2001年11月该公司被迫公布巨额亏损前，这些内部人已经卖出了十亿美元以上的股票和期权。同年12月安然宣告破产。很多牵涉其中的个人和机构投资者损失惨重。事后该公司的主要高管锒铛入狱。Lay则因心脏病发作去世而免去牢狱之灾。

由密歇根大学Purnanandam和Seyhun在2007年作的一份研究指出：把内部人交易和卖空交易这两类信息相结合使用比单独使用其中之一能更好地预测股价走势。卖空交易的主力是研究能力强，获取信息迅速的投资者（比如机构投资者）。在正常情况下，内部交易和卖空交易的相关性不强。当出现内部人卖出和卖空交易同时显著增加时，表明存在一些负面的消息在驱动这些卖出或卖空交易。相反，如果内部人买进增加的同时卖空交易减少，则表明较多的消息灵通人士看好这只股票。该报告指出采用买入好股票（内部人买入和卖空交易少）同时卖空坏股票（内部人卖出和卖空交易多）的投资策略，每个月可以获得的风险调整后的投资回报率在0.88%到1.22%之间。

美国证券法要求内部人买卖本公司股票必须向SEC提交报告。投资者可在Yahoo Finance或SEC的EDGAR系统查到内部人交易的情况；也可以访问专门提供这方面信息的网站（例如InsiderCow.com）。有些券商免费为客户提供内部人交易的信息。

美国证券法允许内部人交易本公司股票。但是，根据重大、非公开信息进行交易则是违法的。**美国的证券监管机构对违法内部交易的监控和惩罚十分严厉。读者应避免牵涉入非法交易活动中。**禁止内部交易的规定不仅适用于公司员工，还包括与公司员工有一定关系的人（包括亲戚、朋友和合作伙伴等）。一些法律案例中提到的互相挠痒也属于违法的内部交易。例如，公司A的经理和公司B的经理互相透露本公司内部消息，并且利用对方公司的内部消息进行股票交易获利。近年来，信息盗用理论在司法实践中也获得肯定。该理论认为任何人以不正当的手段获得内部消息并进行交易都是非法内部交易。比方说，一名公司的清洁工偷看了总经理办公室关于收购兼并的文件后根据该信息进行股票买卖而获利。由于这名清洁工根据重大非公开信息进行交易，可被判非法内部交易罪。

5. 合并与收购

合并与收购（**Merger & Acquisition**）通常缩写为 M&A，是对公司之间的合并活动与收购活动的统称。**合并**（**Merger**）是指将两家公司的资产和负债合并在一起的行为。**收购**（**Acquisition**）是指一家公司兼并另一家公司的行为。从定义上看，公司合并中双方的地位基本是对等的；而在公司收购中，双方的地位并不对等，收购方获得被收购方的资产和人事权。但事实上，合并活动中两家公司地位完全相等的情形并不多见。在一些公司收购中，收购方为了表示对被收购方的友好而将收购称为合并。公司并购的主要类型有：

- 横向并购：是指两家业务相同的公司之间的并购。例如两家汽车公司合并。
- 纵向并购：是指上、下游产业的公司之间的并购。例如冰淇淋公司与牛奶公司合并。
- 混合并购：业务关联度较低的公司之间的并购。例如烟草公司并购食品公司。这类并购的失败率较高，并购发生后股价表现较差。这是因为管理者的能力总是有限的。过多不相关的业务会使管理层应接不暇、降低管理绩效。

公司并购的理论依据是**协同效应**（**Synergies**），即两家公司合并为一家公司后新公司的价值大于这两家公司独立存在时的价值之和。公司并购可获得的主要好处有：

- 规模经济：即产量的增加带来每单位产品成本的下降。这种优势主要发生在固定成本高的行业中。例如，两家钢铁公司合并后可以去掉重复的生产设备和管理人员，从而降低每吨钢材的成本。
- 提高市场份额：两家生产同类产品的公司合而为一后，市场份额的扩大可以增强公司对产品的定价能力以及原材料采购的议价能力。
- 范围经济：即提供不同产品和服务的部门通过共享销售渠道、研究开发和财务等资源的方式降低成本。这种情况主要发生在不同行业的公司并购中。例如，银行和保险公司合并后，原本只销售储蓄和贷款等银行产品的职员可以同时销售保险产品，既减少了员工人数又方便了客户。
- 进入新市场：通过并购其它地区的公司可以快速进入该地区的市场。例如，一家业务范围在美国东北部的银行可以通过收购西南部的银行扩展业务版图。市场范围的扩大可以减少公司业绩受个别地区经济不景气的影响。
- 控制上游或下游行业的公司：控制原材料生产企业可以降低原材料成本并保证原材料供应的稳定；控制经销商可以保证销售的稳定和获得更直接的市场信息。
- 并购经营管理不善的公司后更换其管理层，提高其经营业绩，然后以更高的价格将公司卖出。

并非所有的公司并购都以股东利益最大化为目的。一些公司管理层为了自身利益而从事并购。这种并购活动对股东并无好处。损害股东利益的并购活动有：

> 管理层为了提高自身的社会影响力和薪酬而扩大公司规模。公司规模上升会导致投资回报率降低。
> 管理层通过业务多元化来降低经营风险和保证自身职位的稳定。虽然业务多元化可以降低公司的经营风险，但研究表明，投资者可以通过投资于几只不同行业的、业务较专一的股票达到更好的分散风险的目的，而且这种投资组合的平均回报率高于业务涵盖这些行业的混合型企业的股票。
> 管理层对自身能力过度自信而希望通过并购达到快速扩张的目的。
> 管理层通过一系列的并购活动制造利润或收入持续增长的假象。
> 企业文化相差较大的公司之间的并购可能会导致长期痛苦的磨合期。例如，2001年惠普并购康帕电脑后，由于公司文化差异等原因，经营业绩和股价大幅下跌。

公司并购的支付方式主要有现金、股票以及现金和股票混合。以现金方式收购表明收购方对并购后的前景非常乐观。由于被收购方的股东在获得现金后失去对股份的所有权，所以，并购后如果股价表现好，收购方的股东获得全部收益；当并购是以股票互换方式进行，即被收购方的股票按一定比例换成收购方的股票，则表明收购方的管理层对该笔并购的信心不足。如果合并后公司股票表现差，由于双方股东都持有新公司的股票，并购失败的损失由双方股东共同承担。历史数据表明，采用股票收购方式产生的新公司股价表现不如采用现金收购方式产生的新公司。对于采用股票和现金相结合的并购，现金在交易中所占的比重越高，越表明收购方对并购的前景有信心。

公司并购中被收购方的股价一般上涨。但学术界对于公司并购是否有利于收购方股东则并无定论。研究结果受所考察的公司、样本期间和研究方法影响而有所不同。平均来说，并购发生后收购方股价表现差于股市平均表现的并购活动有：1）混合并购；2）以股票形式支付的并购。

6. 公司分拆

公司分拆（Spin-Off）是指公司将其一部分资产分离出来组成一家独立的公司。这是一种与公司并购相反的行为。公司分拆的主要理论依据是相互独立的几家公司的价值之和大于这几家公司合并为一家公司的价值。公司分拆的类别主要有：

> 完全分拆：公司将子公司的全部股份按持股比例分配给母公司的股东。分拆后，原有股东拥有两家独立公司的股票。这种分拆方法的一个弊端是可能导致部分股东持有其不愿持有的股票。分拆出来的子公司往往规模较小、股息

低甚至无股息，而且与母公司分属不同的行业。子公司的这些特性如果不在机构投资者既定的可投资范围之内，这些机构投资者不得不在分拆后卖出子公司股票。对于指数基金，如果分出来的公司不在该基金基准指数中，则该基金必须卖出该公司的股票。机构投资者的抛售可能导致分拆出来的子公司股价被暂时压低。

> 部分分拆：即公司将其子公司的一部分股权（一般少于20%）公开发售并仍然保持对该子公司的控制权。部分分拆的目的有很多。有时是为了筹集现金但不想失去对子公司的控制权；有时是希望市场更好地了解该子公司的价值。当多家子公司的资产和收入合在一起时，外界难以了解各个子公司的真实价值，造成其价值被低估。分拆后的子公司业务较单一、财务透明度更高，因此更易于市场人士估价。

公司分拆的动机主要有：

> 撤出某个行业：子公司的业务不是该公司擅长的业务、无法与其它部门产生协同效应、不利于维持和提高公司的核心竞争力。
> 子公司的经营绩效低下。
> 更好地激发子公司员工的创造力：分拆后的子公司可以不受母公司整体战略的约束，更自由地开展业务、制定对员工的激励措施和其它公司政策。
> 解除监管约束。子公司除了受其所在行业的法规监管外，还受其母公司所在的行业法规约束。分拆后，子公司不再受母公司所在行业的法规约束。
> 反收购：当公司成为敌意收购目标时，将高利润率的部门分拆出去可以降低收购的潜在收益。
> 有利于投资者更好地衡量公司的价值：分拆后的两家公司资产和负债相互独立，更易于估价。

对于投资者来说，公司分拆提供了一个良好的投资机会。如前所述，机构投资者在分拆后卖出子公司股票的做法会暂时压低分拆初期子公司的股价。研究表明，分拆后母公司和子公司股票的平均市场表现都略好于股市大盘；将非核心业务独立出去的公司分拆产生的股价升值效应高于其它类型的分拆；为剥离不良资产而进行的分拆独立出来的子公司股价表现较差。

7. 股票分割

股票分割（Stock Split）是一种改变股票数量而不改变股票总市值的行为。假设公司ABC进行股票分割，每2股现有股票可以换3股新股票。股票分割前共有2亿股，每股市价15美元。所以总市值是30亿美元（=2亿股×15美元）。分割后，股票总数就由 2 亿股变为 3 亿股，而总市值没变。所以，股价变为 10 美元（=30 亿美元 / 3 亿股）。股票分割没有增加新股东且各股东所占股权的比例没变，也就是说，原有股东的股权没有被稀释。

股票分割有两种：正常分割和反向分割。**正常分割（Ordinary Split）**是指以更多的新股票换取已有股票。常见的换股比例是两股换一股（2-for-1），三股换一股（3-for-1）和三股换两股（3-for-2）。分割中没法换成整数股的股票（又称畸零股）换成现金。在上面提到的股票分割例子中，假设 Smith 先生拥有 201 股 ABC 公司的股票。其中 200 股会变为 300 股新股，而剩下的 1 股会被换成 15 美元。

由于股票分割并不改变公司的价值，所以其本身并不向市场传递关于公司价值的信号。问卷调查结果显示，大多数股票分割的主要动机是将股票价格调整到一个有利于提高股票流动性的区间，只有少数情况是为了向市场传递信息。当一只股票价格上涨到较高水平时，部分资金量少的投资者会望而却步，导致该股的交易量减少。而股票分割有利于将股价调整到一个让大多数投资者都能接受的区间，有利于增加投资者数量和交易量。有市场人士认为股票分割之后往往出现股价上升，所以将其看作看涨信号。但问题在于进行分割的股票往往是价格快速上涨的股票。研究结果表明，平均来说，股票分割本身对股价的影响并不显著。

反向分割（Reverse Split）是指以较少的新股票换取现有股票。反向分割的目的一般是为了提高股价以吸引更多投资者或是满足证券交易所的上市交易规定。NYSE 和 NASDAQ 都规定当一只股票连续 30 个交易日价格低于 1 美元就要退出交易所[①]。很多投资机构有限制或禁止投资低价股（一般是指价格低于 5 美元的股票）的规定。市场人士一般认为反向分割是坏消息因为反向分割为股价进一步下跌提供了空间，而且股价往往在反向分割之后继续下跌。

8. 增发新股

增发新股（SEO），全称是 Seasoned Equity Offering 或 Secondary Equity Offering），是指公司在首次公开发行[②]之后再次发行新股票的行为。增发新股会导致原有股东在公司中所占股权的比重下降，即股权被稀释。所以，增发新股对于现有股东来说，一般是坏消息。公司一般只在资金周转困难的时候才通过增发新股筹集资金。研究显示，增发新股消息公布时股价平均下跌 3%；公司的利润率和股价在增发新股后

---

① 交易所有时候会暂停执行该规定。例如纳斯达克交易所曾在 2001 年暂停执行该规定。
② 首次公开发行（IPO），全称 Initial Public Offering，是指公司第一次向公众发行股票的行为。公众向发行股票的公司支付一定金额以换取相应份额的该公司股票。公开发行结束后，该公司的股票在交易所挂牌交易。购买 IPO 股票的风险平均来说大于购买已经在股市上交易的股票。

较长时期里持续下滑[①]；不少公司在增发新股前发生内部人大量卖出本公司股票的行为，表明公司内部已经预料到股价将在增发新股后下跌[②]。

一些公司在增发新股时公布的理由是公司为扩大生产和销售或加强研究开发能力而筹集资金。这种理由站不住脚。如果公司财务状况良好，通过借贷方式融资的成本一般低于增发新股的融资成本。所以，增发新股可能表明公司的信用风险过高，导致借贷成本过高或无法获得信贷。

增发的新股股价一般低于消息公布时股票的市场价。例如，2009 年 5 月 19 日，Bank of America（股票代码：BAC） 宣布以每股 10 美元的价格增发 8.25 亿新股，发行价比其股票当天收盘价 11.25 美元低 11.1%。增发新股在美国股市历史上并不常见。但在 2009 年，受金融危机的打击，不少美国金融机构为了增加资本充足率而增发新股。

9. 事件研究及行为金融理论简述

前面提到的公司事件对股价影响的结论主要是用事件研究的方法得出的。**事件研究（Event Study）**用统计方法分析某类事件发生前后一段时期内股价相对于某个参照指数（例如整体股市指数或同类股票的平均指数）的变动情况。事件研究的对象是在一段历史时期内发生同类事件的多只股票。虽然研究结果反映的是历史现象，但这些现象背后隐藏的规律有助于在未来同类事件发生时更好地预测股价的反应。一些投资者（包括对冲基金和共同基金）借助事件研究的结果制定各类套利策略。

除了前面提及的几类公司事件外，事件研究方法还广泛应用于分析各类其它事件对股价的影响。例如，当一只股票被加入到标准普尔 500 或其它受广泛关注的股价指数时，指数基金和其它机构投资者的买入会使得该股在短期内价格表现较好。而被从股价指数中剔除出去的股票则由于卖出增加而短期内价格表现较差。

事件研究中，投资者关注的主要是股价反应滞后和反应过度，因为这两类现象预示着套利机会。例如，如果股票回购后三年内股价平均表现好于市场（反应滞后），则投资者买入所有发生股票回购的股票并在三年内卖出就可以获得高于市场平均水平的回报率。所谓**反应滞后（Underreact）**是指事件发生后，股价的调整并非迅速完成，而是在较长时期里缓慢完成；**反应过度（Overreact）**是指事件发生后，股价在短时间

---

① Clarke, Dunbar and Kahle, "The Long-Run Performance of Secondary Equity Issues: A Test of the Windows of Opportunity Hypothesis", Journal of Business, 2004, Vol.33.
② Clarke, Dunbar and Kahle, "Long-Run Performance and Insider Trading in Completed and Canceled Seasoned Equity Offerings", working paper, 2000.

内过度调整，将来缓慢回复到合理的价位。Hersh Shefrin[①]总结的规律是：股价在短期内（1个月之内）反应滞后；中期内（3到12个月）很可能顺着原先的趋势变动；长期（1年以上）反应过度。对该现象的一种解释是投资者和分析师根据新信息逐步调整对未来的预期。好消息刚出来时，人们抱着审慎的态度部分调高盈利预期，所以股价没有立即上调到合理价位，造成反应滞后；而当一连串的好消息出来后，人们发现先前的调整没有到位而加大对利润预期的调整，导致股价过度上涨，即反应过度。

股价的反应过度和反应滞后现象是和有效市场理论相悖的。根据有效市场理论，市场参与者总体来说是理性的。非理性投资者造成的价格高估或低估都会被理性投资者的套利活动消除。任何可以获得高于市场平均回报的获利机会都会由于大量的套利而很快消失。所以，平均来说，股价应当在消息公布后很短时间内调整到合理的价格水平。**行为金融（Behavioral Finance）** 理论试图用社会以及人类的心理和感情等因素解释与有效市场理论相悖的现象。该理论体系目前用于解释各类市场定价不合理现象的社会因素和心理效应很多。例如，每年四到五月大量退税款流入股市推高股价、总统竞选前的利好政策推高股价、人们过分重视近期数据而对总体特征认识不足、过度自信、不能及时修正预测模型等。其中，由社会因素造成的市场定价不合理可以通过制度上的改变来纠正；但人类心理因素导致的定价不合理现象则可能导致价格进一步偏离合理价位。因此，即使知道某个资产的价格不合理，试图从中套利所承担的风险也是很高的。短期来看，投资者在某些具体决策上可能是理性的。但长期来看，投资者的行为不总是理性的，也并不总是规避风险的。例如，当投资者发生损失时会更加厌恶风险，而在盈利时会提高对利润的期望。欲了解更多关于事件研究及行为金融理论的信息可访问以下网页：

en.wikipedia.org/wiki/Event_study
http://www.behaviouralfinance.net/
http://overreaction.behaviouralfinance.net/
http://underreaction.behaviouralfinance.net/

---

① Hersh Shefrin, "Beyond Greed and Fear: Finance and the Psychology of Investing", Oxford University Press, 2000.

第八章 投资及交易策略

股票投资是一门艺术而不是一门科学，不存在一个可以快速致富的万能公式。事实上，没有任何一种投资策略能满足所有类型投资者的需要，并在所有的市场条件下都能产生最高的投资收益。本章介绍16种股票投资策略和17种期权组合策略，几乎涵盖了在所有市场状况下的盈利策略。读者在选择投资策略时应考虑的因素主要有：

> 风险承受能力。风险承受能力弱的投资者应采用风险较低的策略。
> 投资的期限。投入股市的资金应该是未来五年内无须动用的。近期需要使用资金的投资者应留出足够的现金以避免被迫在投资发生短期亏损时变现。
> 可用于股票投资的时间和精力。指数投资策略适合时间不多的投资者。
> 个人对市场前景的预测。对股市前景非常乐观时，可选择成长投资和顺势投资策略；对股市前景持谨慎态度时，可选择价值投资和收入投资策略；板块轮换策略可作为不同时期选择行业的理论依据。

1. 买入并持有策略

买入并持有（Buy-and-Hold）策略是指买入股票并持有较长的时期以获得投资收益，而不以获取股价短期波动产生的收益为主要目的的策略。虽然股价可能在短期内下跌，但由于经济发展的长期趋势是上升和扩张的，所以，总的来说，长期持有股票的投资者将会因为股价和股息的上升而获利。长期持有股票的理论依据之一是有效市场理论。该理论认为资产价格的变动是不可预测的，从长期来看，没有人能获得高于市场收益率的投资回报。换言之，试图从股价短期波动中获利的策略往往是徒劳无功的。相对于后面提到的择时机交易策略，买入并持有策略有两大优势：

> 节省成本。由于交易次数较少，买卖差价和佣金方面的损耗较小。
> 减少税收支出。长期投资收益的税率低于短期投资收益[①]。

适宜采用买入并持有策略的股票或基金有：

> 代表股市大盘或某个类别股票平均价格走势的ETF、指数基金或股票组合。
> 股价低于内在价值的股票。长期持有价值股获得的平均收益高于长期持有成长股。

不宜采用买入并持有策略的情况有：

[①] 这一规定仅适用于美国公民和居民外国人。具体税法规定请参看第四章第6节。

- 当未来经济衰退的迹象明显时，采用买入并持有策略可能会经历漫长而痛苦的股价下滑过程。例如，如果在2008年全年持有道琼斯指数的30只成份股，则损失约三分之一。欲了解宏观经济分析方法请参阅第五章第2节。
- 价格高于内在价值的股票。这类股票由于受市场追捧而价格虚高。当市场热情减弱或公司盈利状况差于市场预期时，股价可能大幅下跌。
- 所处行业平均利润率持续下降或经营管理不善的公司。这些股票由于价格大幅下跌而看上去很便宜，吸引了不少投机者买入，导致股价没有跌至其内在价值水平。所以，未来股价继续下跌的可能性较大。沃伦·巴菲特的"不要试图接住下落的刀子"讲的就是这个道理。如果投资者持有这类股票，即使已经发生亏损，也应当果断卖出股票，而不应寄望于股价回升。例如，由于竞争激烈及高油价等原因，美国的航空公司在过去三十年里长期亏损。航空公司的股价持续下跌。其中一些甚至几经破产重组。欲了解行业分析和公司分析方法请参阅第五章第3和4节。

2. 择时机交易策略

择时机交易（Market Timing）策略是指根据对股票价格近期走势的预测来交易股票的策略。与买入并持有策略相反，择时机交易策略的支持者认为股价的走势是可以预测的，并且希望赶在股价上涨前买进或在股价下跌前卖出。预测股价走势的方法很多，包括技术分析、基本面分析和直觉。择时机交易策略包含的范围很宽泛。我们后面提到的板块轮换、CANSLIM和成长投资等策略都涉及通过预测股价走势来达到提高投资收益的目的，所以都属于择时机交易策略。一般认为采用择时机交易策略以获得高于市场平均回报的难度非常大。主要原因有：

- 股价的变动难以预测。人类预测未来各种事件的准确率平均来说都很低。不少优秀的专家、学者和分析师都时常对股市走势作出错误的预言。
- 交易成本较高，从而降低投资净收益。交易越频繁，佣金支出和买卖差价上的损失越大。
- 税负较高。这是由于短期资本利得税率较高。
- 可能错失获利机会。择时机交易策略的持仓时间较短而且往往要求亏损达到一定程度就止损离场，因此，在股价上涨前卖出或类似情况较可能发生。

研究表明[1]，考虑各项费用及税收方面的差别后，择时机交易策略的平均投资回报率低于买入并持有策略。

---

[1] Gary P. Brinson, L. Randolph Hood, and Gilbert L. Beebower, "Determinants of Portfolio Performance", Financial Analysts Journal, Vol. 51, No. 1, January-February, 1995, p. 135

3. 指数投资策略

指数投资（Index Investing）策略是指投资于股价指数基金或其它市场表现接近股价指数的资产组合。由于指数投资策略很少调整投资组合[①]，所以又称为**消极型投资（Passive Investing）策略**。与之相反的策略是**积极型投资（Active Investing）策略**，即通过积极调整投资组合以获得高于市场平均回报率的投资策略。前面提到的择时机交易就属于积极型投资策略。

指数投资的理论依据是现代资产组合理论[②]和有效市场理论。根据现代资产组合理论，多只股票的组合可以提高每单位风险的预期收益。最佳的股票投资组合是按照市值比例持有市场上的所有股票。根据有效市场假设，没有人能长期获得高于市场平均水平的收益。而且，证券分析师预测公司利润的准确率很低[③]。所以，与其费时费力去选择好股票，不如投资于跟踪整个股市或某个类别股票价格走势的指数基金。

历史数据显示，指数基金的长期平均净收益率高于积极管理型的基金。这一较高的收益率主要得益于指数基金较低的管理和交易费用以及税收支出。首先，积极管理策略为了跑赢基准指数，需要雇佣专业人士、订购股票研究报告和数据以及从事大量研究工作，因此管理成本较高。而指数基金在这些方面的开支非常小；其次，指数基金持有股票的时间较长，资本利得主要是长期资本利得。而积极管理型基金由于持股时间较短，短期资本利得较多。由于长期资本利得的税率低于短期资本利得的税率，在资本利得相同的情况下，指数基金所缴纳的税收较低；再次，由于交易次数少，指数基金的交易费用低于积极管理型基金。由于这些优势，近几十年来，指数基金在基金市场所占的比重快速上升，成为一种主要的投资理财方式。

这一策略的投资对象既可以是各类市场指数基金和 ETF，也可以是投资者自行选择和组建的与某个股价指数表现一致的一组股票。例如，跟踪标准普尔 500 指数收益的基金 SPY 和 IVV；跟踪罗素 3000 指数收益的基金 IWV；跟踪纳斯达克 100 指数收益的基金 QQQQ；跟踪全球股票指数收益的基金 VT；或投资于道琼斯工业指数的 30 只成份股。如果投资的对象不是基准指数的全部成份股，则实际投资表现可能与基准指数表现不一致。衡量指数投资策略效果的一个指标是跟踪误差。跟踪误差越小，表明该策略的收益越接近基准指数的收益。欲了解更多关于指数基金和 ETF 的信息请参阅本书第二章第 2 和第 3 节以及第三章第 2 到第 4 节。

[①] 只有当基准指数的成份发生变化才作调整；而股价指数调整成份的频率很低。
[②] **现代资产组合理论（Modern Portfolio Theory）**是通过构建资产组合以追求收益最大化和风险最小化的理论。一组收益变动相关性低或负相关的资产组成的资产组合可产生比单一资产更高的收益-风险比率；例如，债券和股票的价格走势往往相反，由债券和股票组成的资产组合的夏普比率高于单独的债券和股票的夏普比率。构建一个优化的资产组合比通过基本面分析来选择个股更重要。
[③] 普林斯顿大学的 Malkiel、哈佛大学的 Sandretto 和麻省理工大学的 Milkrishnamurthi 所做的研究都得出类似的结论。参见《漫步华尔街》（麦基尔，上海财经大学出版社，2002）第 180 – 187 页。

4. 核心-卫星策略

核心-卫星（Core-Satellite）策略是将资产明确划分为一份"核心"资产和若干份"卫星"资产并分别按不同方式管理的投资组合策略。"核心"资产投资于消极管理的股价指数基金、指数ETF或收益类似于股价指数的股票和债券组合；"卫星"资产用于捕捉各种市场机会，例如交易股票、债券或金融衍生品。所以，核心-卫星策略是一种将指数投资策略与积极型投资策略相结合的策略。

"核心"资产的关键在于消极管理，即其持有的资产组合基本上长期不变。"核心"资产的收益和风险目标既可以是宽泛的股市指数（例如标准普尔500和罗素3000），也可以是有所偏重的资产组合（例如偏重于中型股、价值股或国际股市）。"核心"资产由于资产持有时间长而税率较低；"卫星"资产可采用各种积极型投资策略管理，可分别投资于不同类别的资产（例如不同市值、行业和地区的股票、债券和商品期货）或交给不同的基金管理。当积极管理的"卫星"资产表现不佳时，可以暂时将"卫星"资产按"核心"资产的组成进行投资。当市场机会来临时，可以迅速将"卫星"资产进行转换。由于"卫星"资产所持的股票与"核心"资产相同，根据先进先出[①]的会计原则，其资产持有时间从"核心"资产购进时算起，所以，虽然"卫星"资产持有时间短，但也可按长期资本收益课税，从而减少税收支出。

"核心"资产的目标是通过管理资产组合的贝塔（β）获得与股价指数相近的收益和风险组合；"卫星"资产的目标是获取高于股价指数的收益，即提高资产组合的阿尔法（α）。所以，核心-卫星策略的实质是明确地将阿尔法和贝塔分开管理。采用核心-卫星策略的基金与传统的积极管理型基金相比具有以下优点：

> - 将数个卫星资产分别交由不同的基金进行管理可以避免风险过分集中。当其中一只基金出问题（例如基金经理由于决策失误而导致巨额亏损）时，不至于对整个资产组合造成太大的损害。
> - 透明度更高。在不对资产进行分别管理的情况下，一些投资决定（例如为了抓住稍纵即逝的市场机会而买入某些与整个基金投资原则相矛盾的股票）可能导致基金的实际风险与其公开文件所描述的不同，使投资者承担其不愿承担的风险。而在核心-卫星策略中，不同风险的资产所占的比重十分清晰。"核心"资产的风险特性最大限度地与公开文件所描述的一致。用于捕捉市场机会的"卫星"资产虽然风险特性与整个组合不一致，但由于其所占的比重较小，不至于使整个组合的风险特性与既定目标出现太大的偏差。

[①] 应用到资产交易方面，**先进先出（FIFO）**的原则是指当分批买入和卖出同一资产时，最先买入的部分被认为是最先卖出。例如，某基金分别在两年前和三个月前买入1000股BAC。该基金现在卖出500股BAC，那么会计上认为这500股BAC是两年前买入的BAC。该笔卖出交易获得的利润为长期资本收益。

个人投资者可以用 ETF 实施核心-卫星策略。例如，将 50%的资金用于购买 SPY、IVV 或 IWV 等跟踪大盘走势的 ETF。这部分投资长期不动；将剩下的 50%分为两等份，一份用于实施板块轮换策略（本章第 11 节介绍）；另一份留着捕捉不时出现的市场机会（例如，当某只股票价格大大低于其内在价值时买入该股票）。

5. 成长投资策略

成长投资（Growth Investing）策略是指投资于价格有望快速上升的股票的策略。从股市的历史来看，一定时期内价格大幅上升的股票并不罕见。例如，Microsoft 的股价在 1995 年到 1999 年五年间上涨幅度超过 14 倍；而 Amazon 的股价在 1998 年短短一年时间里上涨幅度超过 9 倍。这些价格飙升的股票迅速造就了一批富豪并吸引了很多投资者去寻找下一个 Microsoft 和 Amazon。

成长策略着重于发掘可以成为市场热点从而价格快速上涨的股票，而较少考虑股票的内在价值，因为这类策略的支持者相信利润的持续快速增长将会吸引越来越多的投资者，从而推动股价的进一步上涨。当股价上涨到一定程度，市场对该股的兴趣减少，股价开始下跌时，成长策略的投资者卖出股票，并寻求下一个市场热点。当成长股的业绩达不到市场预期或市场对该股票兴趣减弱时，成长股股价可能会由于大量的卖盘而迅速下跌，所以，成长策略的风险较高。牛市时，人们的冒险心理增强而追逐成长股，导致成长股价格上涨较快，因此此时适合采用成长策略；熊市中，人们对风险的恐惧增加而卖出成长股，导致成长策略的表现较差。成长策略的投资领域主要集中在：

> 高科技公司（例如互联网、电子产品制造商和生物制药公司等）
> 新兴市场国家（例如中国、东欧、巴西和印度）的股票或指数基金
> 收入和利润快速增长的小公司
> 有望通过重组等手段脱离困境的公司

以下是一些投资专家关于如何选择优秀的成长股的建议：

> 过去三年（或五年）里，每股利润的增长率超过 20%。
> 未来每股利润增长率预计可超过 15%。
> 营业收入保持上升势头。营业收入的增长是利润持续增长的源泉。通过削减成本的方式虽然也可以提高利润，但可能导致产品和服务质量的下降从而不利于未来利润的增长。
> 低负债率。负债率过高会伴随较高的利息支出和营业风险。而且，负债率过高的公司可能会由于难以筹集到新的资金而失去好的投资机会。
> 有较强的竞争优势。竞争优势是保证利润持续增长的重要条件。

> 能保持较高的利润率。较高的利润率为技术更新和扩大市场提供充足的资金。
> 优秀的管理团队。这是公司在各种经济环境下生存制胜的重要保证。

最简单的实施成长策略的方法是买入跟踪成长股平均市场表现的 ETF，例如 IWZ。投资者还可以通过 ETF 投资于不同市值类别的成长股。例如，JKE、JKH 和 JKK 分别跟踪大型、中型和小型成长股的市场表现。

6. 价值投资策略

价值投资（**Value Investing**）策略是指投资于价值股的策略。价值股是指股价与账面价值、每股利润和股息等财务指标相比较低的股票。选择价值股的方法请参阅第二章第 3 节。价值投资策略与成长投资策略通常被认为是两个相反的投资策略。前者着重于股票的价值，而后者着重于利润或收入的增长率。

金融研究[①]表明，长期来说，价值投资策略的平均回报率高于成长投资策略。但两者在不同时期的相对表现不同。大牛市的时候，成长策略的投资回报往往高于价值策略，因为随着人们对风险的胃口增大，大量资金流向股价上涨潜力大的成长股而价值股常常被忽略；熊市的时候，价值策略的投资回报高于成长策略，因为随着人们对未来收益预期下降和对风险的忧虑增加，大量资金流出股市或由周期型股票转到防御型股票。价值股由于价格较低而面临的抛售压力小于成长股，因而此时前者的股价表现好于后者。

投资价值股的一个风险是价值股的股价可能持续下跌并长期低于其内在价值。在选择价值股时，应当注意避免价值陷阱。所谓**价值陷阱**（**Value Trap**），是指股价大幅下跌造成该股价值被市场低估的假象，而实际上该股票的价格仍然高于其内在价值。读者最好避免投资这类股票。价值陷阱通常存在于利润率下降的行业、产品逐步被淘汰或经营管理不善的公司中。例如，美国航空业由于竞争过于激烈、油价波动和恐怖袭击等因素股价持续下跌；美国的汽车和钢铁等行业国际竞争力下降导致这些行业的股票表现不佳；柯达公司由于传统照相胶卷逐步被数码照相产品取代而业绩长期下滑。

最简单的实施价值策略的方法是买入跟踪价值股平均市场表现的 ETF，例如 IWW。投资者还可以通过 ETF 投资于不同市值类别的价值股。例如，JKF、JKI 和 JKL 分别跟踪大型、中型和小型价值股的市场表现。

---

① 代表性的研究有 DeBondt & Thaler(1987)、LSV(1994)、Fama & French (1992)以及 Lyon & Barber(1997)。

7. 质量投资策略

质量投资（Quality Investing）策略，又称定价合理的成长股（GARP）策略，是指投资于具有较高增长潜力而当前价格又合理的股票的策略。这种策略介乎成长策略和价值策略之间，即既不投资成长潜力高但股价也过高的公司，也不投资股价低但前景暗淡的公司。彼得·林奇和沃伦·巴菲特是这一策略的主要支持者。所谓定价合理，是指股票的价格相对于其内在价值较低。本书第五章介绍的基本面分析法是计算股票内在价值的主要方法。

与成长投资策略相似，质量投资策略也注重公司的成长性。但质量投资策略对那些利润增长率非常高（例如25%以上）的公司持怀疑态度。由于市场对这类公司的增长期望很高，一旦其实际利润低于市场预期股价可能会大跌，所以风险较高。而且，在一个市场机制完善的经济体中，高利润的行业和产品很容易吸引其它公司的进入。由于市场不能无限扩大，竞争者的增加最终会降低这些行业和产品的利润率。所以，能够长期保持利润高速增长的公司很少。质量投资策略一般偏好利润增长率能稳定保持在10%到20%之间的公司。

PEG比率是质量投资策略经常考量的指标。**PEG比率（PEG Ratio）**等于市盈率除以每股利润的年增长率。PEG比率大于1表明股价相对于其成长潜力而言过高，小于1则表明该股票价格较低。质量投资策略要求选取PEG比率不超过1的股票。最常选取的是PEG在0.5左右的股票。在比较股票的PEG比率时，要注意的是，由于利润增长率是预测值，所以该指标的取值有一定的主观性。此外，质量投资策略还要求股本回报率（ROE）和现金流较高并且处于上升趋势中。

与成长策略和价值策略相比，质量策略的收益率较稳定。大牛市的时候收益率排序为：成长＞质量＞价值；熊市中收益率排序为：价值＞质量＞成长。

用基本面分析法选择成长性好而又定价合理的股票费时费力。一个省时省力的方法是投资于跟踪该策略收益的积极型指数ETF。Powershares发行的以AMEX Intellidex系列指数为基准指数的ETF跟踪不同行业和投资风格的质量投资策略收益。该指数系列是用量化模型筛选出某个类别股票中成长性较好且价格合理的股票。该量化模型使用25个指标来选股。这些指标可分为四类：风险因素、动量、基本面成长性以及股票价值。PYZ、PEZ、PSL、PXI、PFI、PTH、PRN、PTF、PTE和PUI分别跟踪基础材料、消费品、服务、能源、金融、医疗、工业、电信以及公用事业十个行业的质量投资策略收益。PWV、PWB、PWC、PWJ、PVM、PWP、PWT和PWY分别跟踪大型价值股、大型成长股、中型混合股等不同投资风格的质量投资策略收益。AMEX Intellidex指数系列每个季度调整一次指数成份股的构成，因此这类ETF所持的股票构成变化较频繁、管理费用较高。其换手率一般在50%到150%之间，费用比率一般在0.6%到0.66%之间。另一个可供选择的系列是First Trust发行的以AlphaDEX

系列指数为基准指数的ETF。按行业分类有：FXD、FXG、FXN、FXO、FXH、FXR、FXZ、FXL和FXU。按投资风格分类有FEX、FNX、FYX、FTC、FTA、FAD和FAB。读者可以在Yahoo Finance中输入上述ETF的代码查阅其说明。

8. 收入投资策略

收入投资（Income Investing）策略是指投资于高股息[①]股票的策略。这一策略适用于那些需要依靠投资收益来支付生活费用的人，例如老年人和依靠遗产或遣散费生活的人。这类人投资的主要目的是定期获得较稳定的收入以满足生活需要，资本增值只是次要目标。收入投资策略是一种比较保守的投资策略。满足高股息条件的股票大多是由成熟、稳定、历史较悠久的公司发行的。这些公司由于市场已经成熟，不需要将大量利润用于再投资。由于营业收入和利润较稳定，这些股票价格抗跌性较强。采用这一策略需要注意以下两点：

➢ 股息高的股票不一定风险低。股息较高很可能是由于公司缺乏高收益的投资项目。部分高股息的公司由于长期处于亏损状态而股价持续下跌。例如，通用汽车公司在2004年时股息收益率为5%，明显高于同期标准普尔500指数的平均水平（1.6%）。该公司于2009年破产重组。股价由2004年的40美元跌至零。

➢ 由于股息收入较高，而股息收入往往与个人其它收入适用相同的税率[②]，通常比长期资本利得税率高。所以，收入投资策略产生的税收负担可能较高。

由于采用收入策略的投资者的风险承受能力和意愿较低，这类投资者应避免那些处于衰退行业、产品竞争力下降、经营管理不善和负债率过高的公司[③]；尽量选择营业收入和利润持续而稳定上涨的公司。另外，这类投资者应将投资分散到多只不同的股票以降低风险。

最简单的实施收入策略的方法是投资于跟踪高股息股票收益率的ETF。跟踪高股息美国公司股票收益率的ETF有VIG、SDY、DIA、DLN和VYM等；投资于在美国上市的高股息外国公司股票的ETF有PID。希望自行选择个股的读者可以用Google Finance等网站提供的股票筛选器（网址列在第四章第4节）找到股息收益率排在前列的股票。然后从中选出过去五年利润和收入增长率较高的股票。其它需要考察的指标还有公司所处的行业、负债率、股价的历史波动率等。

[①] 衡量股息高低的最主要指标是**股息收益率**（Dividend Yield），即每股一年的股息除以股价。假设一只股票的当前股价为50美元。过去一年中每股派发的股息为2美元。则该股票的股息率为4%（= 2 / 50）。过去十年中，标准普尔500指数成份股的平均股息收益率一般在2%左右。
[②] 这一规定仅适用于美国公民和居民外国人。具体税法规定请参看第四章第6节。
[③] 本书第五章的行业分析和公司分析部分介绍如何判断行业和公司的发展前景。

9. 逆向投资策略

逆向投资（Contrarian Investing）策略是指与股市中的大多数投资者背道而驰的策略，即在股价下跌的时候买入或在股价上升的时候卖出。根据 DeBondt 和 Thaler 的研究[①]，在过去三到五年里表现相对于大盘较差(好)的股票未来表现较好(差)。

沃伦·巴菲特的"在别人恐慌时贪婪，在别人贪婪时恐慌" 就是逆向策略的代表名言，其原理是：从众心理导致很多投资者在股市消极情绪弥漫时抛售股票，导致股价被低估。如果此时以较低的价格买入股票并等到消极情绪褪去、股价回升时卖出，则可获得较高的收益；反之，市场情绪过分乐观时，投资者大量购买股票使得股价被高估。如果此时卖空股票，则可在乐观情绪消退、价格回落后以较低价格买回股票从而获利。由于卖空股票的风险较高，稳妥的做法是在股价过高的时候将资金从股市转移到安全等级高的债券上（股票与联邦政府债券的价格走势往往相反）。

逆向投资策略与价值投资策略很相似。两者都主张买进低价股（即市盈率或股价-账面价值等价格与基本面指标相比比值较低的股票）。但是逆向投资者还考察股市中投资大众的心理或情绪，例如分析师的盈利预测、交易量、媒体及评论家对股市及商业前景的分析和报道。当大多数股评家对股市持十分悲观（乐观）态度时，就是逆向投资策略买入（卖出）的时机。

股市波动性指标 VIX（又称恐慌指标）是常用的反映投资者情绪的指标。**VIX（Volatility Index）**是芝加哥期权交易所编制的通过期权价值来反映股市波动性的指标。VIX 越高表明股市的波动性越高，同时也表明股市中的悲观情绪越强；VIX 越低表明股市的波动性越低，同时也表明股市中的乐观情绪越强。研究表明，当 VIX 处于顶部的时候买入股票可获得较高的投资收益。

有专家认为：被评为买入级别的比例高（例如 10 个分析师中有 9 个将该股评为买入级）的股票未来可能被进一步上调等级的可能性较小，如果该股票价格又出现下跌的迹象则可能表明分析师没有及时下调级别，未来被降级的可能性较大，因此是逆向策略的卖出时机。同理，被评为卖出级别的比例高而价格又出现上升迹象是逆向策略的买入时机。

采用逆向投资策略的一个问题在于股市中的极端乐观或极端悲观情绪可能会持续很长一段时间。当股价很低的时候也可能会继续大幅下跌；股价很高的时候也可能发生大幅飙升。过早地买入或卖空股票都可能发生大幅亏损。例如，1996 年，时任美国联邦储备银行主席的格林斯潘和一些评论家撰文指出股市可能已经出现泡沫，但股价从 1996 年一直涨到 2000 年。所以，读者应对这种策略可能产生的亏损和等待时间

[①] DeBondt and Thaler, 1985, "Does the Stock Market Overreact?", Journal of Finance 40, 793-805.

有充分的心理准备。为避免由于大量亏损而弹尽粮绝，采用这种策略不应一次性投入过多的资金。将该策略与本章第 16 节介绍的美元成本平均策略相结合可以降低风险。

Schaeffer's Investment Research 提供可以自行定制的逆向策略股票筛选器。网址是：www.schaeffersresearch.com/streetools/stockscreener.aspx。另外，杠杆型 ETF 为实施逆向策略提供了更高的灵活性。Direxion 发行的提供基准指数每日变动±3 倍收益的 ETF 是常用的实施交易策略的工具。但是，杠杆型 ETF 风险高于一般指数 ETF，使用时要特别小心。其特性及注意事项在本书第三章第 4 节介绍。

10. 顺势投资策略

顺势投资（Momentum Investing）策略是指顺着股价的变动趋势交易股票的策略，即买进（卖空）近期表现好（差）的股票。根据 Jegadeesh 和 Titman 的研究[①]，如果买进在过去 3 到 12 个月里表现好的股票并卖空同期表现差的股票，那么，在未来的 3 到 12 个月里将可获得平均每个月大约 1%的回报。需要注意的是，如果股价在较长时间（3 到 5 年）里持续走强（弱），则股价被高（低）估而发生走势反转的可能性增大。所以，采用顺势投资策略不宜持有时间过长（一般不要超过两年）。

对顺势投资策略能产生较高收益的一种解释是投资者起初对好消息持怀疑态度，不愿以较高的价格买入股票，从而使得股价不是迅速地上涨到其合理价格水平，而是逐步上涨。而当坏消息刚出来时，投资者不愿在价格下跌的时候卖出股票，从而导致股价的向下调整不是迅速完成，而是一个逐步调整的过程；另一种解释是投资者的从众心理：当看到股价上涨、得知其他人在买入某只股票，不少投资者也急于从股价的上涨中分一杯羹而购入股票，从而导致上涨的股票继续上涨。

本书第六章介绍的技术分析法是顺势投资策略选股的主要依据。选股时注意以下几点可提高胜算：

- 基本面指标良好。每股利润和营业收入均保持较高的增长速度。过去五年的利润增长率应达到 20%到 30%。
- 交易量增大。股价上涨伴随交易量的上升表明市场对该股票的兴趣增加，是很好的买入信号。
- 相对强弱指标。相对强弱指标（RSI）达到 80 以上的股票上升可能性较大。而且该指标应在过去六个月中持续上升。
- 避免 5 美元以下的股票。不少机构投资者受公司章程约束不得投资于低价股。由于不受机构投资者关注，低价股难以形成大量的购买力以推高股价。

---

① Jegadeesh, and Titman, 1993, "Returns to buying winners and selling losers: Implications for stock market efficiency", Journal of Finance 48, 65-91.

此外，还可通过投资于追踪顺势投资策略收益的 ETF 来实施该策略。PowerShares 发行的 PDP 是以 Dorsey Wright Technical Leaders Index 为基准指数的 ETF。该基准指数由美国股市中市值最大的 3,000 只股票中选出大约 100 只具有较强上升动能的股票构成。指数的成份股每个季度调整一次。

11. 板块轮换策略

板块轮换（Sector Rotation） 策略是指在经济周期的不同阶段投资于不同行业或经济部门的股票的策略。其理论依据是各个行业的利润率受宏观经济因素的影响不同，各个行业股票相对于股市大盘的表现随经济周期而变化。图 8-1 显示的是在经济与股市周期各个阶段表现强于股市大盘的行业。

图 8-1 在经济与股市周期不同阶段表现强于股市大盘的行业

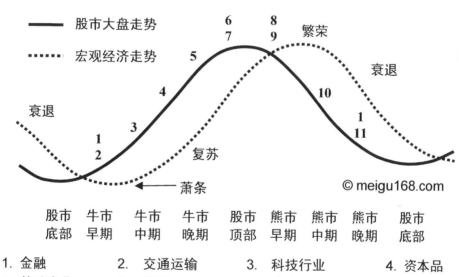

1. 金融　　2. 交通运输　　3. 科技行业　　4. 资本品
5. 基础产业　6. 能源　　　7. 贵金属　　　8. 医疗保健
9. 日用消费品　10. 公用事业　11. 周期型消费品

数据来源：Standard and Poor's 公司 2000 年研究报告。

1. **金融（Financial）**：在经济衰退的中后期，低利率有利于增加贷款（例如住房抵押贷款、商业贷款和消费贷款）需求；股市低迷使得大量资金从股市转移到较安全的储蓄账户，有利于储贷业务的增长。因而商业银行等金融类股票表现优于整体市场。

2. 交通运输（Transportation）：经济开始复苏时，公路、铁路和航空等行业由于货运需求的增加而利润上升。所以股价表现一般优于整体市场表现。除经济周期外，石油价格也能对该行业产生显著影响。例如，油价上涨会降低航空业的利润，并使得部分运输业务由航空和公路转到铁路。

3. 科技行业（Technology）：受经济周期影响较大。在经济复苏的早期，企业对仪器设备和技术更新的需求增加，而消费者由于对前景预期乐观，也愿意增加电子和电器产品的消费（如手提电脑和iPod等）。所以，此阶段计算机、软件、电子仪器等技术股的表现较强。

4. 资本品行业（Capital Goods）：在经济扩张中期，随着产品需求的增加，生产企业需要添置机械设备和仪器等资本品以提高生产能力。资本品行业的利润因而上升。所以，资本品行业的股票在经济扩张的中后期收益较高。

5. 基础工业（Basic Industry）：到了经济扩张中后期，较高的产量形成对原材料的旺盛需求，造成原材料供不应求，从而价格上涨。所以，化工、钢材、木料和采矿等基础材料行业的利润会随着生产企业产能利用率的增加和产品需求的上升而增加。

6. 能源（Energy）：石油和天然气等能源公司股票通常在经济和股市的顶部较受投资者欢迎。此时通货膨胀率较高，能源是较好的保值商品。

7. 贵金属（Precious Metals）：在经济扩张的后期，通货膨胀率较高。黄金、白银和白金等贵金属由于具有良好的保值作用而受投资者欢迎。所以，此阶段开采和加工贵金属的公司股票表现较好。

8. 医疗保健（Healthcare）：包括制药公司、医疗器械和保健机构等行业。由于医疗保健支出是人类生存的必要性支出，受经济衰退的影响较小。所以，医疗保健行业股票在熊市早期表现强于整体股市。

9. 非周期性消费品（Consumer Non-Cyclicals）：又称日常消费品（Consumer Staples）行业，包括食品、化妆品、烟草和饮料等行业。由于这些产品是人们日常生活的必须品，其需求受经济衰退的影响较小，所以在熊市或经济衰退初期表现强于整体股市。

10. 公用事业（Utilities）：水、电、气和通讯公司由于需要较高的负债以建设基础设施，其利润受融资成本的影响。在经济衰退时期，利率下降有利于这类公司降低融资成本。另外，水电气和电话开支属于日常生活开支，受收入下降的影响较小。所以，公用事业股在经济衰退中表现强于大盘。

11. 周期性消费品（Consumer Cyclicals）：汽车、家电、娱乐和时装等产品并非大多数人的生活必需品，所以也称为消费者自由裁量品（Consumer Discretionary）。经济衰退的后期，低利率刺激贷款消费，从而提高对这类商品的需求。

最简单的实施板块轮换策略的方法是买入实施该策略的基金。例如，PYH 和 XRO 就是两只以跟踪板块轮换策略回报率的 ETF。请注意，由于该策略要求不时调整持有的股票，其管理费用也相对高于消极管理型 ETF[1]。目前这两只 ETF 的交易量还比较小。如果投资者希望自行选择行业或板块 ETF，则可访问 iShares 和 SPDR 的网站（网址在第三章第 4 节）。

板块轮换的思想还可以运用到其它方面。例如，根据牛（熊）市中成长股和小型股的表现分别强（弱）于价值股和大型股[2]的原理，当预期熊市将来临时，将资金转移到价值股和大盘股。跟踪大型价值股收益的 ETF 主要有 JKF 和 ELV；当预期牛市将来临时，将资金转移到成长股和小盘股。跟踪小型成长股收益的 ETF 主要有 JKK 和 DSG。另一个例子是：根据"乱世买黄金，盛世买古董"的原则，在政治和经济动荡或物价攀升的时期，购买黄金 ETF 可以起到较好的资产保值效果。跟踪黄金价格变动的 ETF 有 GLD、IAU 和 DGL。跟踪黄金行业股票收益的 ETF 有 GDX。值得注意的是，虽然历史数据似乎支持板块轮换策略，但是，确认当前所处的经济周期阶段是一件十分困难的工作。而且，股价的历史表现并不能保证未来会重复。

12. 市场中性策略

市场中性（**Market Neutral**）**策略**，又称**相对价值**（**Relative Value**）**策略**，是一种从若干不同资产价格的相对变动中获利的交易策略。这类策略经常被对冲基金使用并且可以广泛应用于各类投资产品，例如股票、债券、商品和衍生产品等。应用到股票投资领域，通常的做法是在一只股票上建立多头仓位[3]的同时在另一只股票上建立空头仓位。由于多头仓位与空头仓位的系统风险[4]相互抵消，所以股市未来无论上涨还是下跌，对总收益的影响都较小。换言之，该策略对市场变动是中性的。该策略的利润等于两只股票价格变动幅度之差。

Home Depot（股票代码 HD）和 Lowes（股票代码 LOW）是美国两家最主要的家庭装修器材连锁店。假设投资者 A 认为 LOW 的未来股价表现将强于 HD。但单纯持有股票 LOW 存在系统风险，即如果大盘下跌，LOW 的股价也可能随之下跌。为了降低系统风险，A 在买进 100 美元股票 LOW 的同时卖空 100 美元股票 HD。如果大盘

---

[1] PYH 和 XRO 的费用比率分别为 0.7%和 0.65%；大多数消极型指数 ETF 的费用比率在 0.1%到 0.4%之间。
[2] Copeland, Maggie, "Market Timing: Style and Size Rotation Using the VIX" Financial Analysts Journal, (Mar/Apr 1999); pp. 73—82.
[3] 多头仓位是指持有股票；空头仓位是指卖空股票。
[4] 系统风险又称市场风险，是指导致整个股市大盘下跌的因素带来的风险。例如，物价指数上涨过快引起市场对高通胀率的担忧，导致大多数股票价格下跌。系统风险对大多数股票价格产生影响，但不同股票对大盘变动的敏感程度不同。

下跌，LOW 和 HD 的股票也同时下跌，则 LOW 上的多头仓位会发生损失，而 HD 上的空头仓位会产生盈利。假设在 LOW 上的多头仓位损失 10 美元而在 HD 上的空头仓位盈利 15 美元。那么，投资者 A 获得的净利润等于 5 (=10-5) 美元。这 5 美元利润就是由于股票 LOW 和 HD 价格相对变动产生的利润。同样道理，如果大盘上涨，由于 LOW 的股价涨幅大于 HD，LOW 的多头仓位产生的盈利大于在 HD 的空头仓位发生的损失。由此可见，无论大盘涨或跌，这种策略都可以从两只股票的相对价格变动中获利。但是，这种策略在避免了大盘变动可能导致损失的同时，也排除了大盘变动可能带来的收益，因为大盘上升导致多头仓位的收益被空头仓位的损失抵消。

这一策略的关键在于两只股票的价格将会发生相对变化（一只股票的价格表现将强于另一只），并且两个仓位受大盘的影响而产生的损益可以互相抵消。类似的做法还有：

- 如果认为某只股票 XYZ 的表现将强于同行其它股票，则可买进该股票并卖空该行业的指数基金。如果大盘下跌，在股票 XYZ 上的损失可以被指数基金上的空头收益相抵消。投资净收益等于股票 XYZ 与指数基金收益之差。假设投资者 Adam 认为 J.P.Morgan（JPM）的股价相对于其它金融股有更大的上涨潜力，但是担心金融行业的危机可能导致 JPM 的价格下跌。Adam 可以在买入 JPM 的同时卖空 IYF（金融业 ETF），或者在买入 JPM 的同时买入 FAZ（金融业的三倍反向 ETF）。从事卖空交易时要特别谨慎。请参阅第二章第 4 节的相关介绍。
- 认为某个行业的表现将会强于另一个行业，可以买进前者的指数基金并卖空后者的指数基金。例如，认为石油价格将上涨，导致石油业利润上升而航空业利润下降，则可以买入石油公司股票或 ETF 并卖空航空公司股票或 ETF。
- 利用由公司事件、公司资本结构和股价波动性等原因产生的价格走势差异进行对冲交易。例如，当有公司收购传闻时买入被收购方的股票并卖空收购方的股票。

时间序列分析是常用的分析和预测股票之间价格变动的方法。分析师用这一方法分析股票价格的历史数据以找出股价变动相关性很强的股票（例如，价格同时涨跌的两只股票）。当这两只股票的价格变动偏离其原来的相关关系时，可以用市场中性策略获利。例如，两只相似的股票（市盈率和基本面相近），最近其中一只股票的股价表现比另一只差。如果这种差异是股价短期波动的结果，则未来两者的价格会趋于一致。投资者可以买入表现较差的股票并卖空表现较好的股票。当未来两只股票价格趋于一致时，投资者获得的收益等于两只股票价格变动幅度之差。这种方法存在一个问题：采用历史数据分析出来的相关关系只能表明过去的情况。而这种相关关系可能发生变化。例如，如果两只股票市场表现发生差异的原因是由于基本面因素发生了根本性变化，则这种差异可能会进一步扩大。而判断两者相关关系是否发生变化并非易事。

如果投资者相信强者恒强弱者恒弱，则应买入强者，卖空弱者；如果投资者相信否极泰来，差异只是暂时的，则应买入弱者卖空强者。

13. CANSLIM 策略

CANSLIM 策略是由威廉·欧奈尔（William O'Neil）提出的选股策略，在其著作《笑傲股市》[①]中有详细介绍。欧奈尔在书中指出，传统的"低买高卖"策略难以获利，因为便宜无好货，低价股往往存在一些难以克服的困难。其股价不太可能大幅上涨；要买好股票，就得舍得花大价钱。大多数投资者看到股价过高就望而却步，导致不少好股票的价格低于其内在价值。未来这些股票的价格将随着其利润的快速增长而大幅攀升。所以，投资者要敢于买入高价股，等待其价格上涨到更高的时候卖出。这就是"高价买入，更高价卖出"的理论依据。CANSLIM 策略采用七个指标筛选股票，并以这七个指标的首字母命名。这七个指标及判断方法如下：

> C = 当季每股收益：最近一季度的每股利润比去年同期大幅增加。CANSLIM 系统的经验法则是选择季度每股利润与去年同期相比增长率不低于 18% 到 20% 的股票。由于公司可以在一定程度上通过会计手段夸大其经营业绩，投资者应当考察财务数据的真实性以免被虚假的利润数据所蒙骗。

> A = 每股收益年度增长率：每股利润在过去五年中持续快速增长。最好是过去五年中每股利润年增长率在 25% 到 50% 之间的股票。

> N = 新产品、新管理层、股价新高。欧奈尔认为变革是一家公司成功的必要条件。很多股价飞涨的公司是正经历新变化或酝酿新事物的公司，例如推出新的产品或服务、管理层变更或公司进入新的市场。并且，最好在发生变革的同时该公司的股价创下新高。人们往往由于担心股价在创新高后下跌而避开这些股票。但是历史数据表明创新高的股票往往会继续创新高。

> S = 供给与需求：股票的供给和需求。流通数量越小的股票其价格越容易被市场上的购买需求推高。大机构为了保持其资产符合一定的流动性规定而不能大量持有流通数量小的股票。这就给小投资者留下很好的投资机会。欧奈尔发现在其研究的价格飞涨的股票中，95% 是流通量小于 2500 万股的股票。

> L = 选择市场领导股。每个行业都有投资收益高于同行的股票（领导股）也有投资收益低于同行的股票（落后股）。投资者应该选择领导股。落后股虽然价格较低，但未来其价格可能会更低。领导股虽然当前价格较高，但由于其利润增长快，未来价格继续上升的可能性大。CANSLIM 系统主要依据相对强度指数（RSI）来区分领导股和落后股：应选择 RSI 值高于 70 的股票。

---

① 英文原著为 How to Make Money in Stocks (3 Edition) 由 McGraw-Hill Education 出版。中译本《笑傲股市》（第三版）由中国财政经济出版社出版。

而 RSI 在 80 到 90 之间的股票较可能产生高收益。
- I = 机构控股。如果连一个机构股东都没有则表明大多数专业投资经理都不看好该股票。反之，如果机构持股比例过高，则一旦出现坏消息，机构的大量抛售会导致股价的大幅下跌。CANSLIM 系统的经验准则是选择有 3 到 10 家机构股东且近期市场表现较好的股票。投资者还应当留意机构股东的投资技能。有的机构投资者（例如巴菲特）比其他机构投资者有更好的选股能力。
- M = 市场方向。应当在整体股市处于上升态势或上升可能性较大的时候买入股票。掌握大盘的方向十分重要，因为大盘下跌的时候，即使优质股也可能随整体股市下跌。欧奈尔主张通过考察价格和交易量来判断大盘走势。

除了上面概括的一些选股原则外，欧奈尔还在《笑傲股市》中讨论了如何避免一些常见的错误、选择卖出时机和是否应该分散投资等问题。其中很重要的一个原则是设置止损点：股价下跌超过 7-8% 时，投资者应果断卖出股票以避免进一步损失。当股票持续上升时可以提高预设的卖出价格并且根据新价格提高止损价格。

14. 道的狗策略

道的狗（Dogs of the Dow）策略是指将资金等额投资于道琼斯工业指数 30 只成份股中股息率最高的 10 只股票（又称道的狗）以获得高于道琼斯工业指数的投资回报。由于股息率的排位随着股价和每股股息的变动而变化，这一策略要求每年调整一次，以使得资金等额分配到新的 10 只道的狗上[①]。

道的狗策略的主要理论依据是公司一般不会由于股价的波动而改变股息发放额，而股价则受各种因素的影响而波动。当股价下跌时，股息率（等于每股股息除以股价）上升。由于构成道琼斯工业指数的 30 只成份股是由多位资深投资专家选定的业绩稳定、抗风险能力强的蓝筹股，其未来经营状况恶化和每股股息降低的可能性较小，所以，股息率高于其它道指成份股很可能表明其股价被暂时低估。当市场意识到该股价格过低时会增加对其购买，促使其股价回升到合理水平。因此，持有道的狗一方面可以获得较高的股息收益，另一方面可以获得股价回升的收益。

一些专家对道的狗策略进行了改进从而产生了众多的变形。其中一种变形是**道五股（Dow 5）**，即买进等额的 5 只每股价格最低的道的狗，并且每年调整持股比例；还有一种变形是**道四股（Dow 4）**，即买进等额的道五股中每股价格最高的 4 只股票；Motley Fool 公司在道四股的基础上提出了**傻瓜四股（Foolish Four）策略**，即将 40% 的资金投资到道四股中每股价格最低的那只股，而将剩余资金等额投资到剩余的三只道四股。

---

① 参考文献：Beating the Dow, Michael Higgins, HarperCollins, 1991

由于操作简单且历史表现良好[①]，道的狗策略及其变形已经被众多机构及个人投资者采用。需要注意的是，这些策略都是在对历史数据进行分析的基础上提出的。历史回报率高并不表明未来回报率也高。如果说投资于股息率高的股票尚有理可循，那么用价格的高低来选股实在难以找到合理的依据因为股票的价格可能因为股份分割而下降。投资者在采用这类策略以前需要仔细考虑它们所包含的假设在未来是否仍然适用并清楚所存在的风险。

15. 生命周期投资策略

生命周期投资（Life Cycle Investing）策略是指随着投资者个人情况的变化而改变投资组合的策略。这一策略的理论依据是随着投资者年龄和财富水平的变化，投资者承受风险的能力和意愿也会随之改变。例如，在收入相同的情况下，年轻夫妇在儿女抚养和教育方面的开支较高，投资损失可能会导致其财务陷入困境，所以，相对于儿女已经在财务方面独立的中年夫妇，年轻夫妇应当采取较保守的投资风格。

这一策略将投资者按年龄和财富水平进行分类以决定投资者应采取的投资风格。按照年龄可以大致分为三个阶段：

- 年轻 – 处于职业生涯的早期。需要照顾家庭成员，儿女年纪尚小。
- 中年 – 收入达到生命中的高峰，将近退休。儿女已经基本独立。
- 老年 – 退休或半退休，收入较低。生活开支主要依靠过去的积蓄。

按照财富等级可以大致分为：

- 低收入 – 收支大致相抵。可灵活支配的财富很少。不能稳定地存下闲钱。
- 中产 – 扣除住房、生活和教育等开支后，可灵活支配的财富较少。可定期存下一些闲钱。
- 较富有 – 可灵活支配的财富较多。但不能仅靠已有财富来维持富裕的生活方式，还需要依靠工作收入。
- 非常富有 – 可灵活支配的财富很多。仅靠已有的财富就可以维持富裕的生活方式，而不需要依靠工作收入。

投资风格按照风险水平可大致分为：

- 保守 – 资金主要以银行存款、国债和安全等级高的债券为主。较少投资股票或主要投资于低风险的蓝筹股。
- 中等 – 资金大致平均分配到债券和股票中。投资的股票中可能包括少量高

[①] 从1957年到2003年，道的狗策略的平均年投资回报率达14.3%，明显高于同期道琼斯指数11%的回报率。另外，前文提到的几个变形策略也在很长一段时间里产生了较高的投资回报。

风险股票，但平均风险水平适中。
> 激进 — 资金主要投资于股票。为获得较高的收益，投资的平均风险相对高于股市平均水平。

根据投资者的基本情况可以确定最优的投资风格。表 8-1 列出不同类型的投资者应采取的投资风格。当然，其它因素也会影响投资者对投资风格的选择。例如，对亏损心理承受能力较弱的投资者应当选择较低风险的投资风格。

表 8-1 不同类型的投资者应采用的投资风格

	低收入	中产	较富有	非常富有
年轻	保守	保守	中等	激进
中年	保守	中等	激进	激进
老年	保守	保守	中等	激进

综上所述，生命周期投资策略就是根据自己的年龄、收支和家庭状况等因素逐步调整投资组合以控制投资风险。最简单的实施方法是定期用收入的一部分买入某只选定的**生命周期基金**（可以是共同基金或 ETF）。这类基金持有的资产可以包括股票、债券、其它基金和 ETF。每只基金都是专门为未来某个年份退休的人士设计的。该年份在基金名称上有标明。例如，TDAX Independence 2040 ETF (TDV) 是为那些将在 2040 年退休的人士设计的 ETF。基金的投资组合由资产配置模型决定。该模型据计算出将在指定年份退休的人士最合理的投资组合，并随着时间的推移变更资产构成。例如，刚才提到的 TDV 在起始时期采用较激进的资产组合（风险和收益较高）。随着时间的推移，投资组合逐步变化使得风险程度下降。其它的生命周期 ETF 还有：TDD、TDH 和 TDN 分别是为 2010、2020 和 2030 年退休的人士设计的。这几只 ETF 的费用比率为 0.65%。由于简单省事，这类基金受到一些家庭的青睐。需要注意的是：

> 不同的基金公司推出的基金，即使其标明的退休年份相同，其资产的组成也可能由于使用不同的资产配置模型而相差较大。
> 这类基金的模型假设投资者将全部退休储蓄投入该基金。如果投资者还有资金投资于其它方面，则投资者承担的总风险可能偏离模型的目标值。

16. 美元成本平均策略

美元成本平均（Dollar Cost Averaging）策略是指将资金分几次投资到某只股票或投资组合中。一个常见的例子是投资者指定将自己每个月工资的一定比例存到 401-K 退休金计划里用于购买某只基金。将资金分批投资的好处是可以降低价格变动的风险。如果在一个时点投入全部资金后股价下跌，投资者将面临较大损失。而在几个时点以不同的价格买进则可以部分抵消价格变动的影响。

采用这一策略需要确定三个变量：1）资金在多长时间内全部投入；2）投入的频率；3）如何分配每次的投资金额。投资者应当根据自己对风险的承受能力决定这三个变量：分摊的时间越长、次数越多则风险越低。有研究表明，最佳的分摊时间长度为六个月，并且不宜超过一年[①]。设定固定的投入频率（例如固定在每周或每个月的某一天买入）能够减少投资决策受个人情绪的影响。不少投资者受情绪的影响，往往在股价下跌后急于增加购买，而当股价上升时观望等待以期望在价格回落后再购买。其结果很可能是：由于绩优股价格持续上升，投资者错过了投资获利机会；而垃圾股价格持续下跌，投资者过早地买入而蒙受损失。

美元平均成本策略主要有两种变形：

> **美元成本向下平均（Dollar Cost Averaging Down）**，即当所持股票价格下跌时增加对该股的买入以降低平均购买成本。这种策略的弊端在于投资者往往受感情因素的影响买入越来越多的垃圾股而导致亏损的增加。采用该策略前应考虑清楚该股价格未来回升的可能性。有投资专家认为这种策略会导致在亏损股票上越亏越多，因而反对使用该策略。

> **美元成本向上平均（Dollar Cost Averaging Up）**，即当所持股票价格上升时增加对该股的买入以增加获利。该策略的理论依据是股价的上升验证了先前对该股的判断是正确的，股票处于上升趋势，追加投资可以增加获利。这种情况下，对所选股票进行分批投资虽然收益小于一次性全部投入，但是减少了判断失误时将蒙受的损失。这种策略的不足在于当股价发生突然下跌时，投资者将由于大量投资而受损。降低这种风险的一个方法是设定跟踪止损卖出指令，即止损价格随着股价的上升而自动上调的止损卖出指令。

17. 股票期权策略

本节内容较复杂且不常用，仅供专业人士阅读。本书第三章第 7 节介绍的期权知识是理解本节的基础。为易于理解，我们在下面的讨论中不考虑佣金、买卖差价和期权的时间价值。实际使用时，应将这些因素加入计算中以使其更接近现实情况。

买入期权的一方称为期权的**多头（Long）**；卖出期权的一方称为期权的**空头（Short）**。表 8-2 列出交易员在对股价持不同预期时采取的四种基本策略。当交易员认为股票价格将会上涨时，既可以采用多头看涨期权策略，也可以采用空头看跌期权策略。采用前一种做法时，股价上涨时期权价格会随之上涨。而当股价下跌时，交易

---

① http://www.efficientfrontier.com/ef/997/dca.htm

员的损失不会超过购买期权时支付的保险费；而采用后一种方法，交易员在卖出看跌期权时获得保险费收入。当股价上涨时，看跌期权的价格下跌，交易员以较低价格买回期权获利。当股价下跌时，看跌期权价格上涨。交易员必须以较高的价格买回期权。这种情况下，交易员的损失可能高于保险费。简而言之，这两种策略的区别是：多头看涨期权可能获得的收益很高而损失是有限的（不超过保险费），空头看跌期权可能获得的收益是有限的（不超过保险费）而损失可能是非常高的。同样道理，当交易员认为股价将会下跌时，既可以采用多头看跌期权策略，也可以采用空头看涨期权。

表 8-2 交易员对股价持各种预期时采取的四种基本策略

对股票的预期	期权策略	策略名称	潜在收益	潜在亏损
上涨	买入看涨期权	多头看涨期权	高	有限
	卖出看跌期权	空头看跌期权	有限	高
下跌	买入看跌期权	多头看跌期权	高	有限
	卖出看涨期权	空头看涨期权	有限	高

图 8-2 显示看涨期权收益与股价之间的关系。图中横坐标标示股票价格；纵坐标标示期权收益；实线表示多头看涨期权的收益。当股价低于执行价格 S 时，执行看涨期权无利可图，所以这时多头看涨期权损失全部保险费 P。当股价高于执行价格时，执行多头期权可获得的收益等于股价减去执行价格。由于执行价格不变，股价每上涨 1 美元期权价值也随之上涨 1 美元。当股价减去执行价格等于保险费 P 时，执行期权的收益正好抵消购买期权时支付的保险费，该策略的收益为零。如果股价继续上涨，则该策略的收益也继续上涨。图中虚线表示空头看涨期权的收益。由于多头期权的收益（损失）即是空头期权的损失（收益），所以，将多头看涨期权策略的收益线围绕横坐标翻转 180 度就可得到空头看涨期权策略的收益线。两个策略的收益之和总是等于零。从图中可以看出多头看涨期权的收益可以是无限的而损失是有限的；而空头看涨期权的收益是有限的而损失可能是无限的。

图 8-2 看涨期权收益与股价的关系

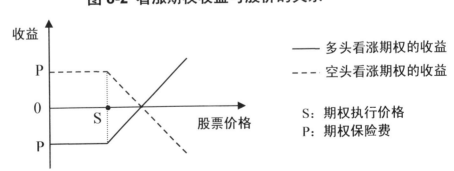

图 8-3 显示的是看跌期权收益与股价之间的关系。与看涨期权相反，看跌期权的收益随着股价的下跌而上涨。当股票的市场价格高于执行价格 S 时，按市价卖出股票获得的收入大于按执行价卖股票获得的收入，执行看跌期权无利可图，所以此时多头看跌期权策略的损失等于保险费 P。当股价低于执行价格 S 时，多头看跌期权的收益开始上升。当执行价格 S 减去股价等于保险费 P 时，执行期权的收益与保险费支出相抵消，多头看跌期权策略的收益为零。如果股价继续下跌，则多头看跌期权的收益继续上升。当股价跌至零时，该多头看跌期权的收益最大，等于 S - P。由于多头期权的收益（损失）即是空头期权的损失（收益），将多头看跌期权策略的收益线沿横坐标翻转 180 度可得到空头看跌期权策略的收益线。

图 8-3 看跌期权收益与股价的关系

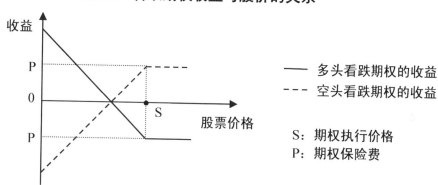

在实际交易中，人们经常将期权与股票相结合或将不同期权相结合构建各种交易策略。受保护的空头看涨期权和保护性多头看跌期权就是最常提起的将股票与期权相结合的策略。**受保护的空头看涨期权（Covered Call）**是指持有股票并卖出相同数量的该股票的看涨期权的策略。该策略的目的是在股价不太可能大幅变动的情况下增加投资收益。图 8-4 显示该策略的收益与股价的关系。我们先在同一坐标图中绘制出股票的收益（点虚线）和空头看涨期权的收益（虚线），然后将股票损益和期权损益相加得到该策略的总收益（粗实线）。投资者买入股票的价格为 M。当前股价为 L。投资者在股票上的损益为当前股价减去买入价，即 L-M。当股价 L 低于期权执行价格 S 时，投资者在空头期权上的收益为期权的保险费 P。所以，L<S 时，该策略的总收益等于 L-M+P；当 L>S 时，空头期权的损失为保险费收入减去期权被执行产生的损失之和，即 P-L+S。将股票收益和期权损益相加可得到该策略的总收益 S-M+P。所以，受保护的空头看涨期权策略在股价不大幅上升时可以通过卖期权获得高于单纯持有股票的收益。但是，如果股价大幅上升则期权上的损失会抵消掉股价上涨的收益，使得收益最高不超过 S-M+P。

图 8-4 受保护的空头看涨期权收益与股价的关系

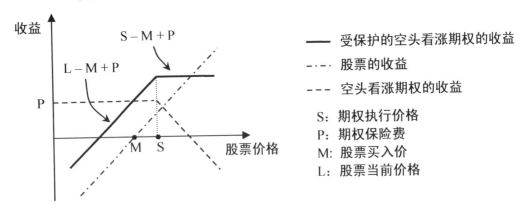

保护性多头看跌期权（Protected Put）是指持有股票并买进相同数量的该股票的看跌期权的策略。如果投资者希望继续持有一只股票但又担心该股票价格下跌，则可采用此策略，即用多头看跌期权来消除股票下跌的风险，保证投资者的损失不超过一定金额。图 8-5 显示该策略的收益与股价的关系。该图的画法和标注方法与图 8-4 相同。股票损益为 L-M。当 L＜S 时，多头看跌期权的损益为执行期权获得的收益减去期权保险费支出，即 S-L-P。总收益等于股票上的损益加上期权上的损益，即 S-M-P。当 L＞S 时，执行期权无利可图，期权上的损失为保险费 P。将股票损益加上期权损失可计算出总收益等于 L-M-P。所以，该策略用购买期权的方法保证损失不超过 S-M-P。

图 8-5 保护性多头看跌期权收益与股价的关系

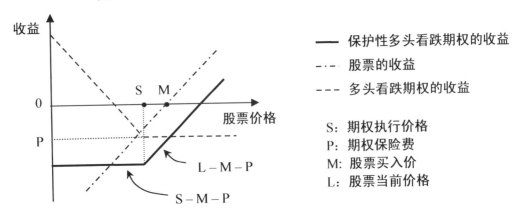

投资者还可以用不同的期权和股票相结合组建多种组合策略。我们在表 8-3 总结了 17 种期权组合策略及其适用的情况。读者可以按我们在上述两例中使用的方法将几种交易的损益相加得出期权组合策略的收益图。如果希望了解更多期权知识，可访问我们在第四章第 4 节列出的期权信息网址。

表 8-3 期权组合策略及适用情况

对股票的预期	策略名称	操作方法
上涨可能性很大	多头看涨期权 Long Call	买入看涨期权
上涨可能性较大且 下跌可能性很小	空头看跌期权 Short Put	卖出看跌期权
上涨可能性较大且 下跌可能性较小	牛市价差套利 Bull Spread	可以有两种做法： ➢ 买入看涨期权并同时卖出相同数量的执行价格更高的看涨期权 ➢ 买入看跌期权并同时卖出相同数量的执行价格更高的看跌期权
近期（几周内）可能下跌但长期（几个月）可能上涨	对角线价差套利 Diagnoal Spread	卖出失效日很近的看涨期权并同时买入相同数量的到期日较远的价外看涨期权
下跌可能性很大	多头看跌期权 Long Put	买入看跌期权
下跌可能性较大且 上涨可能性很小	空头看涨期权 Short Call	卖出看涨期权
下跌可能性较大且 上涨可能性较小	熊市价差套利 Bear Spread	可以有两种做法： ➢ 卖出看涨期权并同时买入相同数量的执行价格更高的看涨期权 ➢ 卖出看跌期权并同时买入相同数量的执行价格更高的看跌期权
近期（几周内）可能持平或小幅上涨但长期（几个月）可能下跌	对角线价差套利 Diagonal Spread	卖出失效日很近的看跌期权并同时买入相同数量的到期日较远的价外看跌期权
存在下跌的可能性但希望继续持股	保护性看跌期权 Protected Put	持有股票并买入相同数量该股票的看跌期权

（未完，下页继续）

（接上页表 8-3）

对股票的预期	策略名称	操作方法
持平并且很少震荡	空头跨式组合 Short Straddle	卖出同样数量的执行价格相等的看涨期权和看跌期权。执行价格通常等于当时股价。
持平并且不太可能发生大幅震荡	空头宽跨式组合 Short Strangle	卖出看跌期权并同时卖出同样数量但执行价格更高的看涨期权
持平并且价格大幅波动的可能性较小。希望控制大幅波动时损失的风险。	多头蝴蝶 Long Butterfly	由以下几笔交易构成： ➢ 买入一份执行价格为(X-a)的看涨期权 ➢ 卖出两份执行价格为 X 的看涨期权 ➢ 买入一份执行价格为(X+a)的看涨期权 注：X 和 a 为交易者设定的正数。
持平但短期内可能下跌而长期上涨	日历价差套利 Calendar Spread	卖出失效日很近的看涨期权并同时买入相同数量的执行价格相等的看涨期权
持平且下跌的可能性不大	受保护的空头看涨期权 Covered Call	持有股票并卖出相同数量该股票的看涨期权
方向不明但发生变动的可能性很大	多头跨式组合 Long Straddle	买入同样数量的执行价格相等的看涨期权和看跌期权。执行价格通常等于当时股价。
方向不明但发生大幅变动的可能性很大	多头宽跨式组合 Long Strangle	买入看跌期权并同时买入同样数量但执行价格更高的看涨期权
方向不明但可能发生变动	空头蝴蝶 Short Butterfly	由以下几笔交易构成： ➢ 卖出一份执行价格为(X-a)的看涨期权 ➢ 买入两份执行价格为 X 的看涨期权 ➢ 卖出一份执行价格为(X+a)的看涨期权 注：X 和 a 为交易者设定的正数。

附录 A. 美国与各国税收协定中与投资相关的税率

国家名称	国家代码	非银行利息	股息 普通	股息 合格	资本利得	退休金和年金
Australia	AS	10	15	5	30	0
Austria	AU	0	15	5	0	0
Bangladesh	BG	10½	15	15	10	0
Barbados	BB	5	15	5	0	0
Belgium	BE	15	15	5	0	0
Bulgaria	BU	5	10	5	0	0
Canada	CA	0	15	5	0	15
China, People's Rep. of	**CH**	**10**	**10**	**10**	**30**	**0**
Commonwealth of Independent States		0	30	30	0	30
Cyprus	CY	10	15	5	0	0
Czech Republic	EZ	0	15	5	0	0
Denmark	DA	0	15	5	0	30
Egypt	EG	15	15	5	0	0
Estonia	EN	10	15	5	0	0
Finland	FI	0	15	5	0	0
France	FR	0	15	5	0	0
Germany	GM	0	15	5	0	0
Greece	GR	0	30	30	30	0
Hungary	HU	0	15	5	0	0
Iceland	IC	0	15	5	0	0
India	IN	15	25	15	30	0
Indonesia	ID	10	15	10	0	15
Ireland	EI	0	15	5	0	0
Israel	IS	17½	25	12½	0	0
Italy	IT	10	15	5	0	0
Jamaica	JM	12½	15	10	0	0
Japan	JA	10	10	5	0	0
Kazakhstan	KZ	10	15	5	0	0
Korea, Rep. of	KS	12	15	10	0	0
Latvia	LG	10	15	5	0	0
Lithuania	LH	10	15	5	0	0
Luxembourg	LU	0	15	5	0	0
Mexico	MX	15	10	5	0	0
Morocco	MO	15	15	10	0	0
Netherlands	NL	0	15	5	0	0
New Zealand	NZ	10	15	15	0	0
Norway	NO	0	15	15	0	0

（未完，下页继续）

（接上页）

国家名称	国家代码	非银行利息	股息		资本利得	退休金和年金
			非合格	合格		
Pakistan	PK	30	30	15	30	0
Philippines	RP	15	25	20	0	30
Poland	PL	0	15	5	0	30
Portugal	PO	10	15	5	0	0
Romania	RO	10	10	10	0	0
Rusia	RS	0	10	5	0	0
Slovak Republic	LO	0	15	5	0	0
Slovenia	SI	5	15	5	0	0
South Africa	SF	0	15	5	0	15
Spain	SP	10	15	10	0	0
Sri Lanka	CE	10	15	15	0	0
Sweden	SW	0	15	5	0	0
Switzerland	SZ	0	15	5	0	0
Thailand	TH	15	15	10	30	0
Trinidad & Tobago	TD	30	30	30	30	0
Tunisia	TS	15	20	14	0	0
Turkey	TU	15	20	15	0	0
Ukraine	UP	0	15	5	0	0
United Kingdom	UK	0	15	5	0	0
Venezuela	VE	10	15	5	0	0
Other Countries		30	30	30	30	30

资料来源：IRS2010 年 4 月出版的 Publication 901。

附录 B. 银行业报告

银行是资本形成的主要渠道，与整体经济发展的关系十分密切。银行业出现危机时，企业难以获得资金以维持和扩大生产，消费者难以获得住房、汽车等贷款。当经济增长强劲时，企业和消费者的贷款需求能促进银行利润上升。

美国银行业的监管机构主要有 FDIC（Federal Deposit Insurance Corporation）、OCC（Office of the Comptroller of the Currency）、联邦储备银行（Federal Reserve）和各个州的银行监管机构。联邦政府通过 FDIC 对银行存款进行担保；银行在急需资金时，可以从联邦储备银行获得短期贷款。这两项措施使得银行可以以较低的利率获得资金。近二十年来，银行业监管的放松和科技进步促使了金融创新的快速发展：网上银行业务发展迅速，新型金融产品和工具层出不穷。但是，2007-2009 年的信贷危机促使政府日益加强对银行的监管。

银行的利润主要由两部分构成：1）**净利息收入（Net Interest Income）**，即利息收入与利息支出的差额。例如，某银行以 3% 的利息吸收存款，并以 5% 的利息放贷，则银行从存贷款业务中获得的利润是 2%（= 5% - 3%）；2）**非利息收入（Noninterest Income）**，即除利息收支外的其它损益，包括担保、信托和信用卡等业务的损益、资本损益和租金等。净利息收入受市场利率变动的影响较大。而非利息收入由于受利率变动的影响较小，所以是较稳定的利润来源。

银行的风险管理能力对其经营业绩乃至生存至关重要。银行面临的主要风险有：

1) **信用风险（Credit Risk）**是指因贷款方违约而损失的风险。投资者可通过财务报表公布的贷款类别、不良贷款、注销和拖欠的变动趋势以及贷款政策来了解贷款的信用质量。**不良贷款（Nonperforming Loan）**是指违约已经发生了的贷款；**注销（Charge-off）**比率则反映管理层认为不可能收回的贷款占全部贷款的比例；**贷款拖欠率（Delinquency Rate）**是逾期未偿付的贷款的笔数（或金额）占总贷款笔数（或金额）的比率。贷款拖欠率在一定程度上预示了未来的注销情况。了解这类指标的变动趋势并将其与其它银行进行比较有助于预测一家银行的未来业绩。如果银行的收入和资产规模增长过快，则往往伴随不良贷款比例的上升。遇到这种情况，投资者应考察银行业务的高速增长是不是因为某个地区或产业高速增长而引起贷款需求上升。如果不是则值得怀疑。

2) **流动性风险（Liquidity Risk）**是指由于债权人（储户）要求银行立即清偿债务或是拥有信用额度的客户突然要求大额贷款而导致损失的风险。银行必须持有一定额度的高流动性资产（例如现金、联邦债券）以应付提款需求突然增加的情况。

3) **利率风险（Interest Rate Risk）**是指由于利率波动导致公司资产、负债和利润的变动。例如，某银行的主要业务是吸收短期存款并发放长期贷款。当短期利率低于长期利率时，银行支付给储户的利息低于放贷获得的利息；但当短期利率高于长期利率时，银行支付给储户的利息可能高于放贷获得的利息。利率风险管理的主要目的是通过调整资产和负债对利率变动的敏感程度以减少利率变动带来的损失。

考量银行经营业绩应关注以下几方面：

1）充足的资本是银行生存的必要条件。一级资本和总资本占风险加权资产的比例必须分别超过4%和8%[①]。股本／资产比率也可以反映资本充足程度。另外，还应当注意银行的坏账储备是否充足。一般来说，坏账储备／不良资产比率越高越安全。

2）考察 ROA 和 ROE 等投资回报率指标应当与其它指标相结合。这是因为银行可以通过改变一些会计假设（例如坏账准备金率）显著地改变投资回报率。

3）净利差是衡量银行借贷业务利润率的重要指标。**净利差（Net Interest Margin）**是净利息收入与收益性资产总额之比。所谓收益性资产（Earning Assets）就是能带来收益的资产，例如贷款和证券等。净利差的计算公式是：

净利差（NIM）＝（利息收入 - 利息支出）／收益性资产总额

大多数银行的净利差一般在2%到5%之间。这里的净利息收入是税前收入。由于各银行减税的额度不同，税后收益可能相差较大。银行通常持有免税市政债券。一些市政债券的利息收入无须缴纳收入税，所以其实际收益率高于票面收益率。为了便于比较免税资产和非免税资产的收益率，一般将票面收益率换算为**赋税等值收益率（Taxable Equivalent Yield）**。计算公式是：

赋税等值收益率 ＝ 票面收益率／（1 - 收入税税率）。

4）银行的经营效率是影响利润率的重要因素。采用新技术和良好的培训可以有效降低经营成本。效率比率是衡量经营效率的常用指标。**效率比率（Efficiency Ratio）**是非利息支出占总收入的比率。该指标越低，表明成本控制越成功。

5）股价／账面价格比率（Price-to-Book Ratio）是衡量银行股价的重要指标。由于银行的资产主要是贷款、证券等金融资产，所以银行股的市场价值不应与其账面价值相差太远。如果市场价值高于账面价值，则高出的部分是投资者认为银行未来成长率高于行业平均水平而付的溢价。经营业绩好的大型银行的市价可以达到自身账面价格的两到三倍。如果市场价值低于账面价值，则有可能是由于该银行资产质量较低（例如不良贷款较多）。

---

① 巴塞尔协定 II（Basel II）对资本类别进行了详细的定义。大致来说，一级资本（Tier 1 Capital）又称核心资本，包括股本和部分优先股；二级资本（Tier 2 Capital）又称补充性资本，包括部分优先股与次级债务（subordinated debt）。总资本包括一级资本和二级资本。

附录 C. 保险业报告

保险公司为客户担保风险以收取保险费。风险管理是其所有业务的核心。保险业务主要有三类：

> - 人寿保险（Life Insurance）是指受保人死亡或超过一定岁数时，保险公司向受益人支付一定金额的业务。从事这类业务的公司主要有 MetLife、Prudential 和 John Hancock 等。
> - 财产及灾害保险（Property & Casualty Insurance）是指对汽车、住房和企业等财产的损失进行补偿的业务。从事这类业务的公司主要有 Berkshire Hathaway、Travelers、Allstate 和 Progressive。
> - 健康保险（Health Insurance）是指当受保人生病或受伤时，保险公司补偿其医疗费用的业务。从事这类业务的公司主要有 AFLAC、Aon 和 Unum。

两个因素导致了保险业的竞争较激烈，利润率较低：1）保险产品的品质较均一。新的保险产品很容易被竞争对手复制。所以，降价是竞争的主要手段；2）保险业的进入壁垒较低。保险公司、银行和其它金融机构都可以开展保险业务[1]。截止 2002 年，全美国有大约 1,500 家从事人寿保险业务的公司和 2,400 家从事财产及灾害保险业务的公司。数量众多的公司来瓜分一个有限的市场，自然容易形成激烈的竞争。人寿保险业务则由于合同期限较长（一般到受保人去世）而难以退出，更增加了竞争的激烈程度。过去十年来，保险业股票的回报率显著低于标准普尔 500 指数。

保险业是一个成熟的、增长缓慢的行业。如果一家保险公司的收入或利润成长明显快于行业平均水平，则投资者应考察其成长率的合理性。例如，保险公司可以通过降低保险费以实现营业收入的快速增长，但是公司未来可能会由于赔偿支出高于保险费收入而发生亏损。

保险公司的财务报表与其它行业的公司相差较大。投资是保险公司资产的重要组成部分。保险公司将保险费收入投资于证券资产以获取收益。由于理赔金额的不确定性，投资的资产应当具有较高的流动性。不同的保险业务对资产流动性的要求不同。例如，财产及灾害保险理赔金支出的不确定性高于人寿保险理赔金支出，所以，财产及灾害保险公司的资产流动性要求一般高于人寿保险公司。

利率是影响保险公司投资收益的重要因素。例如，利率上升（下降）可以带来浮动利率债券利息收入的上升（下降）。由于不同的证券受利率变动的影响不同。所以，投资者应当考察保险公司证券资产的类型以了解利率变动对公司利润的影响。另外，利率还可以影响保险公司的借贷成本从而影响利润。

---

[1] 1999 年通过的 Gramm-Leach-Bliley Act 允许银行、证券公司、保险公司和其它金融机构合并并提供全方位的金融服务。

递延获取成本（Deferred Acquisition Cost）反映的是保险公司为获取新业务而支出的成本中未摊销的部分。销售保险合同的前期支出很高，主要包括销售佣金和其它销售支出。根据美国会计准则，这笔支出应当在保险合同期间（即获得收入的期间）内进行摊销。

未赚取的保险费（Unearned Premium）是指已经向客户收取的保险费中未计入营业收入的部分。根据美国会计准则，保险费收入应当在承保期内分期实现，而不是在收到款项时立即成为收入。而且，如果客户在承保期间撤销保险合同，公司要将剩余期间的保险费退还给客户。

保险公司的收入主要包括保险费收入和投资收入；支出主要包括理赔费用、销售和营运成本。ROE 和 ROA 是主要的衡量利润率的指标。人寿保险公司的 ROE 历史平均水平在 11% 左右。ROE 持续处于较高水平有利于公司的长期成长。另一个衡量保险业务利润的重要指标是支出占已实现的保险费收入（Earned Premium）的比例。这一比例超过 100% 则表明支出超过保险费收入，需要用投资收入来应付开支，超过 105% 则往往表明收入难以应付开支。

衡量人寿保险公司销售业绩的重要指标有**失效比率**（Lapse Ratio），即一个时期内失效（到期而没有续约）的保险合同数与该时期开始时的有效合同数之比。这一比率越低则公司为获得业务所支出的佣金越少。这是因为当保险经纪售出一份新的保险合同时，保险公司需要向其支付较高的佣金。而如果是老客户续约，保险公司一般无须支付佣金。因此，现有客户续约的比例越高（即失效比率越低），保险公司的佣金支出就越低。

如果保险公司的财务状况不佳，客户会由于担心其无法支付全部赔偿金而不愿投保。所以，支付赔偿金的能力是保险公司能否吸引客户的重要因素之一。由 A.M. Best 公司编制的财务能力评级（Financial Strength Ratings）是反映保险公司支付赔偿金能力的常用指标。该评级系统最高评级是 A++，即优秀级，最低评级是 F，即处于清算状态。A.M. Best 公司网站有关于信用评级的介绍并可查询保险公司的财务能力评级。网址是：http://www3.ambest.com/ratings/default.asp。另外，由 S&P、Moody's 和 Fitch 三家机构发布的公司信用评级也可以用来衡量保险公司支付赔偿金的能力。

附录 D. 软件业报告

软件业是一个相对较新的行业,其成长率一般高于经济增长率。同时,由于该行业的进入壁垒较低,竞争也较激烈。软件市场可按产品类型进行细分。

操作系统软件市场目前被 Microsoft 公司的 Windows 系统垄断。截止 2008 年 10 月,操作系统市场的 90.5%由 Windows 系统占领。Apple 公司的 Macintosh 操作系统约占 8.2%。Linux 系统约占 0.7%。Red Hat 是提供 Linux 软件的主要上市公司。Linux 的应用主要在于服务器上。由于 Linux 是开放源代码软件,Red Hat 难以在 Linux 上获得较高的利润。

数据库软件系统市场的集中程度较高。根据 Reuters 的报告,2007 年 Oracle、IBM 和 Microsoft 占全球商业数据库市场的份额分别为 48.6%、20.7%和 18.1%。Oracle 数据库的功能强大但价格较高,通常在 Linux 系统上运行;IBM 数据库通常在其生产的服务器上运行,所以 IBM 服务器的销售量对其数据库的销售量有一定影响;Microsoft 数据库的优势在于价格较低。不同数据库系统间的转换成本较高是该市场利润率较高的一个原因。

企业资源规划(ERP)系统,全称 Enterprise Resource Planning,是用于协调企业资源、信息和活动的系统。ERP 系统覆盖企业的所有基本活动,例如生产、客户管理、人力资源和库存管理等。大型软件公司占领了这一市场的主要份额。截止 2005 年,全球 ERP 市场的主要供应商及市场份额分别为:SAP 占 28.7%、Oracle 占 10.2%、Sage 占 7.4%,Microsoft 占 3.7%。

其它的软件类别还有客户关系管理(CRM)系统、系统安全软件和游戏软件等。投资者可以通过阅读相关行业及市场研究报告来了解这些市场的特性及结构。除了大的软件类别外,投资者还可以在一些销售额较小但市场集中程度较高的软件类别找到一些有投资价值的公司。

软件公司的主要收入有许可收入和服务收入。许可收入(License Revenue)是指软件公司授权用户使用软件而获得的收入;服务收入 (Service Revenue)是指软件公司提供技术支持和咨询等服务所获得的收入。许可收入对预测公司的未来收入十分重要。这是因为当许可收入上升,客户数量的增加可以促进对技术支持的需求,从而带来服务收入的增加。

由于新技术层出不穷,软件公司难以仅仅通过技术上的优势而长期立于不败之地。投资者可以从三个方面衡量一个软件被淘汰的风险:

> ➢ 当转换软件产品的成本越高,用户放弃现有软件而采用其它软件的可能性越低。形成高转换成本的条件包括价格昂贵和要求使用者受过专门的训练。

- 用户越多的软件越不易被淘汰。例如，Microsoft 公司的 Word 文件格式由于有大量的使用者，已经成为文件编辑和共享的行业标准文件格式。
- 声誉良好的软件较易保持市场占有率。例如，当提到报税软件，TurboTax 是很多美国人首先想到的品牌。

投资者应当重点关注具有以下特征的软件公司：

- 销售额年增长率保持在 10% 以上。较快的销售增长往往表明公司的产品受市场欢迎，有忠实的客户群体，并能保持较高的利润率水平[①]。
- 良好的经营历史。由于软件产品的淘汰率较高，经营几年就倒闭的中小型软件公司并不少见。那些成功度过几次经济危机而不倒的软件公司往往有较强的抵抗危机的能力或是其产品市场地位较稳固。投资这类公司的风险一般小于投资于新兴软件公司。
- 优秀的管理团队。软件公司最重要的资产是人力资源。优秀的管理团队能创造良好的公司制度和文化，有利于吸引优秀的技术人才和激发员工的创造力。
- 利润率持续上升。
- 忠实的用户群体是收入稳定增长的重要保证。

---

① 软件的前期开发成本较高，而开发完成后的生产成本（例如制作光盘或提供软件下载等服务）非常低。由于每多销售一个软件所增加的利润大大高于所增加的成本，而利润率等于利润除以成本。所以，销售额的增长往往直接带来利润率的上升。

附录 E. 电信业报告

电信业是指通过电话、电视、电脑、互联网和无线电信号等电子传输方式提供信息交流渠道的行业。这一行业的上市公司包括 AT&T、Verizon、BCE、Qwest 和 Windstream 等。由于竞争激烈，电信行业的投资回报率较低。而且，大多数公司的盈利状况受政府管制政策变动的影响较大。所以，对于电信类股票，较稳妥的投资策略是当其市场价格低于内在价值较多时才买进。

在过去的几十年里，美国电信业发生的主要变化是政府管制的放松和技术创新的高速发展。1984 年以前，AT&T 掌控着全美国绝大多数的电信网络设施，并利用其垄断地位获得较高的投资回报率。该公司被反托拉斯法案分拆为多个分别从事远程通信（即城市和地区之间的通讯）和地方通信（即市内通讯）业务的公司后，电信市场的竞争变得十分激烈。地方通信公司由于控制了网络的主要接入口，因而其利润率一般高于主要从事远程通信业务的公司。1996 年，国会通过电信法案，强令地方电信公司向竞争对手开放其所掌控的电信网络。一系列的反垄断法令和技术创新促进了竞争的加剧，扩大了消费者的选择范围。固定电话业务日益受到来自移动通信和宽带电视电缆等新兴业务的排挤。

移动通信市场由于所提供的服务差异性不大，降价是主要的竞争手段，因而利润率较低。目前主要的移动通信服务提供商有 AT&T、Verizon、Sprint/Nextel、T-mobile 和 Alltel。

建立、维护和升级基础电信设施的成本相当高昂，而且需要在营运前期投入大量资本。大量的资本需求是电信行业的主要进入壁垒之一。强大的融资能力和充足的资金对电信公司的经营成败十分重要。

由于固定资产较高，规模经济十分重要。客户数量越大，每个客户平均分摊的固定成本越小。激烈的竞争使得电信行业客户的流动性高于其它行业。减少客户流失的方法主要有树立良好的品牌、提高营销和服务质量等。考察客户流失率有助于预测公司未来营业状况。**客户流失率（Churn Rate）** 是指在一定时期内离开该公司的客户的数目或占当时客户总数的比例。

是否拥有关键的设施也是维持竞争力的一个很重要的因素。很多小型电信公司由于必须通过其它公司的电信设施才能为客户提供服务，业务发展和营运状况较易受制于设施提供商。

不少电信公司利润很低甚至亏损，难以采用市盈率来衡量价值。分析师们经常用价格／销售比率（即股价与每股销售额之比）来考察这些公司。这一比率越低，股价被低估的可能性越大。

拥有大量固定资产的电信公司一般折旧和摊销费用占毛利润的比重较大。净利润无法准确反映公司业务的盈利能力和经营情况。因此，分析师们经常考察EBITDA，即扣除利息、税收、折旧和摊销前的利润。

现金流指标对衡量电信公司财务状况十分重要。投资者应当警惕一些利润较高但现金净流入低甚至为负的公司。基础设施的投资和更新对电信公司维持竞争优势十分重要，而这些投资需要大量的现金。

电信公司常常为了应付高额的投资支出而举债。当负债比率过高时，可能导致财务危机。净债务 / EBITDA 比率是常用的衡量公司偿债能力的指标。当这一指标值较低时，公司财务上的灵活性较高。另外，投资者也可通过考察信用等级[①]了解一家公司财务的安全性。

---

① 一家公司的信用等级主要反映该公司的信用能力。信用等级越高表明公司的偿债能力越强。从事信用评级的公司目前主要有三家，分别是 Moody's、Standard & Poor's 和 Fitch。信用等级可以在主要财经数据库（例如 Bloomberg 和 Reuters）查到。

附录 F. 石油业报告

石油是现代工业社会最重要的能源。其重要性大大高于煤炭、核能、太阳能和风能等替代能源。根据美国能源部的统计，目前美国能源消耗的 40% 来自石油。石油业根据其生产流程和特性可进一步分为几个环节。各个环节的利润受石油价格的影响而各不相同。综合性石油公司业务涵盖大部分生产环节。这样的公司有 Exxon Mobil（XOM）、BP（BP）、Chevron（CVX）和 ConocoPhillips（COP）。另外还有很多专业型的公司仅从事一个或几个环节的业务。下面简单介绍石油业各个环节的一些情况：

1）勘探和开采：这是将石油从地下或海底提取出来的生产环节，是石油工业的上游部分。这一行业的利润率较高，主要得益于欧佩克组织[①]的石油限产措施将石油价格维持在较高的水平。由于这一环节固定成本占总成本的比例很高，当收入随油价上升时，总成本增加较少，利润增长快于收入增长；反之，当收入随油价下落时，总成本的下降小于收入下降的幅度，导致利润下跌快于收入下跌。所以，勘探和开采的利润受石油价格波动的影响很大。由于油价变动的周期性很强，勘探和开采业的利润亦如此，所以合理的买入时机是当石油价格处于谷底的时候。主要的油田大多由大型综合性石油公司拥有。专注于石油勘探和开采的公司有 Petroleo Brasileiro SA（PBR）、StatoilHydro ASA（STO）、Ecopetrol SA（EC）和 Transocean（RIG）等。

2）输油管：石油开采出来后，需要从油田运输到精炼厂。除了船运外，输油管是石油运输的另一条重要途径。输油管运营商的业绩受石油价格波动的影响较小。只要石油输送量和油价不出现大幅波动，输油管运营商一般能获得较高的利润率。主要的综合性石油公司一般都拥有一些输油管道。独立的输油管运营商有 Plains All American Pipeline（PAA）、Kinder Morgan（KMP）、Enbridge（ENB）和 Sunoco Logistics（SXL）等。

3）精炼：是将原油精炼成成品（例如汽油、航空燃油和润滑剂等）的加工过程，是石油工业的下游部分。精炼业务的利润受全球经济状况和石油价格的影响。但其受油价的影响要小于开采和勘探业。当全球经济增长强劲、石油产品需求旺盛，精炼厂利润也随之上升；当原油价格上涨，精炼厂的成本也随之上升。如果石油需求旺盛则精炼厂能将成本的增加转嫁给购买方。但是如果经济增长缓慢导致对石油产品需求疲软，则精炼厂难以转嫁成本而导致利润下降。由于需要大量的资本购置生产设备，精炼行业的进入壁垒较高，主要由大型综合性石油公司控制。独立的精炼公司主要有 Valero Energy（VLO）、Sunoco（SUN）、Tesoro（TSO）和 Hess（HES）等。

---

① 欧佩克（OPEC）的正式名称是石油输出国组织，是一个由 12 个主要石油净出口国组成的国际组织。截止 2009 年 4 月，欧佩克成员国的石油产量占全球石油产量的 33.3%。

4）销售：是通过销售网点将成品油卖给企业和消费者的环节。Exxon Mobile、Shell 和 BP 等大型石油公司拥有主要的销售网点。不少加油站是这些大公司的特许经销商。另外，前面提到的几个主要的独立精炼公司也经营汽油销售网点。

5）服务：是为石油的生产和销售提供服务的部分，包括地质结构测试、油井设施维护、数据和咨询等。由于行业壁垒低、竞争激烈，石油服务公司的利润率一般较低。另外，石油服务公司的业务受石油价格的影响很大。当石油价格高涨时，石油公司为了开采更多的石油而要求大量的服务；而当石油价格低迷时，石油公司对服务的需求迅速减少。这一特性使得石油服务公司的利润和股价波动较大。主要的为石油业提供服务的公司有 Schlumberger（SLB）、Halliburton（HAL）、National Oilwell Varco（NOV）和 Baker Hughes（BHI）等。

投资者在选择石油公司的时候，应当考虑以下几个方面：

> 经济规模对于石油公司的经营成败非常重要。石油勘探开采和精炼需要大量的固定投资。产量越大，则每单位产品成本越低。由于石油产品的品质基本相同，难以通过产品差异化提高产品价格，所以，低成本是石油公司保持竞争优势的主要途径。而且，规模越大的石油公司在与供应商和客户的谈判中的议价能力越强，可以有效降低成本或提高售价。

> 长期保持稳健的财务状况。石油业的利润受油价剧烈波动的影响，经营管理不善的公司很容易在油价低迷时发生财务危机。那些能顺利度过油价低迷时期的公司往往有健全的经营管理制度和较强的抵抗危机的能力。因此，选择石油公司时应重点关注在过去 3 到 5 年中一直保持较高利润率的公司。

> 负债率低。石油价格的周期性波动使得石油公司（特别是从事石油勘探和开采的公司）的营运风险较高。如果负债高则会导致公司的总体风险过高。

投资石油公司的风险主要有以下几方面：

> 欧佩克对油价影响力的减弱可能导致油价下跌。欧佩克内部意见不一致、成员国偷偷增产、非欧佩克产油国的竞争等因素能削弱欧佩克控制油价的能力。

> 全球经济不景气。全球经济不景气时，生产和消费的减少会使得对石油的需求降低，从而油价下跌、石油公司的利润下降。

> 政治风险。由于主要产油区集中在政治不稳定的国家和地区，产油国政府的决定可能对石油公司的经营产生重大影响。

> 替代能源生产技术的进步。过去几十年里，太阳能、核能和风能等替代能源的生产技术得到了飞快的进步并在能源市场上的份额持续增加。

中文索引

（按拼音排序）

10-K, 6, 29, 85, 115
ADX 指数, 106
ISM 制造业调查报告, 75
PEG 比率, 133
R 平方, 28, 39
SWOT 分析法, 85
W-8BEN 表格, 53
阿尔法, 27, 130
艾略特, 108
巴塞尔协定 II, 154
板块轮换, 80, 127, 128, 131, 137, 139
保护性多头看跌期权, 148
保险业, 155, 156
杯子和柄, 105
贝塔, 27, 28, 130
背离, 100, 105, 106, 107
便士股, 18
标准方差, 26, 27
标准普尔 500 指数, 18, 19, 21, 27, 28, 40, 110, 111, 129, 134, 155
波浪理论, 108
财产及灾害保险, 155
财政政策, 78
采购经理指数, 75
查尔斯·道, 96
长期有效指令, 61
长期资本损益, 62
偿债能力, 86, 89, 160
超买, 106, 107
超卖, 106, 107
成长股, 19, 21, 22, 31, 39, 118, 127, 131, 132, 133, 139
成长投资, 127, 128, 131, 132, 133

成交量, 9, 10, 39, 56, 99, 100, 101, 105, 106, 109, 113
成品房销售, 72, 76
乘数效应, 78
持续, 100
持续形态, 101, 103, 104
冲洗交易, 62
穿越, 100, 105, 106, 107
次级债, 5, 154
存货平均周转期, 88
存货周转率, 88
大盘, 19, 28, 79, 108, 110, 123, 127, 131, 135, 137, 138, 139, 140, 142
大型股, 19, 20, 22, 31, 32, 39, 139
大中华, 30, 32, 34, 38, 39
单位投资信托基金, 41
当天有效指令, 61
倒头肩形, 101, 103
道的狗, 142, 143
道琼斯工业平均指数, 2, 18
道氏理论, 96, 108
道四股, 142
道五股, 142
递延获取成本, 156
电信业, 159
电子通信网络, 9
掉期, 36, 37
碟形底, 103
独立分析师, 11
杜邦系统, 91
短期资本损益, 62
对冲基金, 11, 42, 43, 112, 125, 139
对冲基金 ETF, 37

多头, 139, 140, 145, 146, 147, 149, 150
堕落天使, 17
额外收益, 26
耳语数字, 54, 58, 116
反向 ETF, 35, 37, 140
反向分割, 124
反应过度, 116, 125, 126
反应滞后, 116, 125, 126
反转形态, 101, 102, 103
防御型股票, 19, 22, 23, 27, 53, 69, 132
房地产和建筑业, 76
房地产投资信托, 42
非居民外国人, 63, 64
费用比率, 33, 34, 39, 133, 139
粉红单, 10
粉红单市场, 10
粉饰橱窗, 111
风险酬金, 26, 69
封闭式基金, 32, 33, 34, 36, 39, 42
附带条件的指令, 61
概念股, 3, 18, 29
杠杆型 ETF, 37, 136, 140
戈登模型, 68, 69
个人退休账户, 52
跟踪止损指令, 60
公开市场委员会, 72, 79
公司分拆, 122, 123
共同基金, 11, 31, 32, 33, 34, 36, 39, 41, 42, 43, 62, 112, 125
股本回报率, 69, 133
股东权益报表, 85
股价指数 ETF, 36
股票分割, 19, 45, 123, 124

股票回购, 117, 118, 125
股权周转率, 89
股息, 15, 16, 17, 18, 21, 24, 25, 29, 35, 40, 42, 45, 46, 54, 56, 58, 62, 63, 64, 68, 69, 81, 117, 118, 123, 127, 132, 134, 142, 143, 151, 152
股息变动, 118
股息收益率, 134
股息贴现模型, 68, 69
固定收益 ETF, 35, 37
固定收益证券, 37
固定支出保障倍数, 90
固定资产周转率, 89
规模经济, 84, 121, 159
规则交易, 112
柜台电子公告板, 10, 58
柜台交易市场, 10
国际贸易, 72
国际贸易报告, 77
国际账户, 47, 53
国内生产总值, 70, 72, 74, 76
国内账户, 53
合并, 3, 6, 8, 21, 108, 121, 122, 155
合并与收购, 121
合格股息, 62, 63, 64
核心-卫星, 130, 131
褐皮书, 72, 77
哄抬股价然后抛售, 66
换手率, 33, 40, 133
货币 ETF, 35, 37
货币政策, 77, 78, 79
机构投资者, 3, 10, 11, 43, 112, 120, 123, 125, 136, 142
积极管理型 ETF, 37
积极管理型基金, 31, 37, 129, 130
积极投资收益, 27
积极型投资, 129, 130

基本面分析法, 67, 133
基金的基金, 43, 44
挤出效应, 78
计算机神经网络, 113
技术分析, 54, 93, 96, 97, 98, 99, 105, 106, 112, 114, 128, 136
季度末效应, 111
季节效应, 110
价格形态, 100, 101, 105
价外, 149
价外期权, 45
价值股, 19, 21, 22, 31, 39, 127, 130, 132, 133, 139
价值投资, 93, 127, 132, 135
价值陷阱, 132
假期前效应, 111
尖旗形, 103, 105
减少流动性, 9
建筑许可, 72, 76, 77
健康保险, 155
江恩理论, 108
交易所交易基金, 30, 34
交易所交易票据, 39
金融行业监管局, 6, 58
紧缩性财政政策, 78
经纪业务, 11
经济周期, 19, 22, 23, 69, 70, 76, 79, 80, 137, 138, 139
经营利润率, 90, 91
经营性现金流比率, 87
净利润率, 91
净营运资金, 86
净资产值, 33, 36, 39, 41, 43
竞争优势, 82, 131, 160, 162
竞争战略, 82, 84, 85
就业形势报告, 71, 72
就业状况, 71, 73

居民外国人, 62, 63, 127, 134
矩形, 103, 105
绝对价值定价法, 67, 68
开放式基金, 31, 32, 33, 34, 42
看跌期权, 42, 44, 45, 46, 145, 147, 148, 149, 150
看涨期权, 44, 45, 145, 146, 147, 149, 150
可转换优先股, 15
客户流失率, 159
客户效应, 119
空头, 139, 140, 145, 146, 147, 149, 150
空头轧平, 24
扩张性财政政策, 78
拉尔夫·艾略特, 108
蓝筹股, 3, 17, 19, 69, 142, 143
蓝天法, 7
利率风险, 153
利润留存比例, 69
利息保障倍数, 90
联邦储备银行, 4, 73, 74, 75, 76, 77, 78, 79, 135, 153
联邦基金利率, 79
零售业报告, 72, 76
流动比率, 86, 87
流动性, 9, 13, 20, 39, 42, 43, 86, 87, 89, 112, 113, 124, 141, 153, 155, 159
流动性风险, 153
流通股, 17, 20
罗素 3000 指数, 19, 129
买方分析师, 10, 11
买入并持有, 127, 128
迈克·波特, 82, 84
卖方分析师, 10
卖空交易, 24, 52, 59, 120
卖空压低股价然后买回, 66
毛利润率, 90

中文索引

每周失业救济申请, 72, 73
美股 168, II, 30, 47, 52, 57
美国存股证, 29
美国公民, 53, 62, 63, 127, 134
美元成本平均, 136, 144
美元成本向上平均, 145
美元成本向下平均, 145
明星股, 21
内部人交易, 3, 6, 118, 119, 120
内在价值, 21, 45, 54, 67, 68, 84, 93, 127, 128, 131, 132, 133, 141, 159
纳斯达克, 4, 8, 10, 18, 30, 56, 57, 58, 124, 129
纳斯达克综合指数, 19
耐用品订单, 72, 75
逆差, 77
逆向投资, 135
年末效应, 111
牛市, 1, 4, 19, 37, 96, 97, 101, 105, 109, 131, 132, 133, 139, 149
纽约泛欧交易所集团, 8
纽约股票交易所, 1, 6, 7, 30, 56, 58
纽约股票交易所综合指数, 19
欧奈尔, 141, 142
欧佩克, 161, 162
平仓, 24, 25, 61, 66, 109, 111
平价期权, 45
平均年收益, 32
普通股, 15
普通股息, 62, 118
期货, 36, 37, 40, 41, 130
期货溢价, 37
期权, 8, 29, 34, 42, 44, 45, 46, 49, 51, 59, 62, 117, 127, 135, 145, 146, 147, 149, 150

期权的保险费, 44, 147
期权账户, 52
旗帜形, 103, 105
趋势, 24, 69, 75, 86, 91, 93, 96, 97, 98, 99, 100, 101, 103, 105, 106, 107, 108, 109, 110, 126, 127, 133, 136, 145, 153
趋势线, 98, 99, 101, 103, 105
人寿保险, 30, 155, 156
日交易员, 52
日历效应, 110
融资融券账户, 52
软件业, 157
三底, 101, 103, 109
三顶, 101, 103
三角形, 103, 105, 108
傻瓜四股, 142
商品 ETF, 36
上升趋势, 96, 97, 98, 100, 101, 105, 106
上涨/下跌, 106
生产者价格指数, 72, 73, 74
生产状况, 74
生命周期基金, 144
生命周期投资, 143
失效比率, 156
十月效应, 112
石油业, 140, 161, 162
时间价值, 45, 145
市场中性, 139, 140
市价指令, 59, 109
市盈率, 3, 16, 18, 21, 22, 56, 58, 67, 81, 133, 135, 159
市值计价法, 62, 63
事件研究, 115, 125, 126
收购, 3, 4, 5, 11, 21, 32, 43, 115, 117, 120, 121, 122, 123
收入投资, 127, 134, 155

收益率, 17, 21, 25, 32, 56, 67, 91, 111, 112, 127, 129, 133, 134, 154
首次公开发行, 124
受保护的空头看涨期权, 147
赎回, 32, 33, 34, 36, 41
双底, 101, 103, 109
双顶, 101, 103
水平趋势, 98
税收协定, 64
顺差, 77
顺势投资, 127, 136, 137
私有股权基金, 43
速动比率, 87
算法交易, 112, 113
随机游走, 93
损益表, 85, 86
特别股息, 118
提供流动性, 9, 10
通道, 99
通货膨胀, 20, 37, 68, 70, 71, 73, 74, 75, 76, 77, 78, 80, 138
通货膨胀率, 1, 4, 37, 69, 70, 71, 73, 74, 75, 76, 77, 78, 80, 138
同步指标, 70
头肩形, 101, 103
投资回报率, 17, 21, 25, 26, 27, 28, 54, 68, 69, 79, 81, 83, 87, 122, 128, 143, 154, 159
投资银行, 4, 11
外贸状况, 77
万圣节指标, 110
威尔夏 5000 指数, 19
威廉·江恩, 108
威廉·欧奈尔, 141
未赚取的保险费, 156
无风险回报率, 26
五力模型, 82, 84
五月卖出并离开, 110

系统风险, 139
下降趋势, 97, 98, 100, 103, 105, 106
夏普比率, 26, 27, 129
先进先出, 130
先行经济指标指数, 72, 75
先行指标, 70, 71
现代资产组合理论, 129
现金比率, 87
现金流量表, 85, 86
现金账户, 52
现金转换循环, 88
限价指令, 59, 60, 109
相对价值, 139
相对价值定价法, 67
相对强度指数, 107, 141
消费者价格指数, 72, 73
消费者信心, 71, 72, 76
消费者信心指数, 71, 72, 76
消极型投资, 129
小型股, 8, 19, 20, 22, 31, 32, 39, 68, 111, 139
效率比率, 154
楔形, 103, 105
协同效应, 121, 123
新房开工, 72, 76, 77
信用风险, 40, 125, 153
星期一效应, 111
行为金融, 125, 126

行业生命周期, 81, 82
熊市, 1, 3, 19, 37, 96, 97, 101, 105, 109, 110, 131, 132, 133, 138, 139, 149
一月晴雨表, 111
一月效应, 111
移动平均, 100, 106, 107
移动平均线异同, 106
已发行股票, 16
溢价, 21, 33, 154
溢价期权, 45
银行业, 153
应付账款还款期, 88
应付账款周转率, 88
应收账款平均收款期, 88
应收账款周转率, 87, 88
盈利公布, 57, 115, 116, 117
优先股, 15, 35, 37, 154
由上而下, 67, 79
由下而上, 67
有效市场假说, 93
圆底, 101, 103
择时机交易, 127, 128, 129
增发新股, 45, 124, 125
真实无风险利率, 68
整批交易指令, 61
正常分割, 124
证券交易商, 5, 7, 9, 10, 11
证券交易委员会, 3, 6, 58

证券投资者保护公司, 7, 58
支撑, 98, 99, 100, 103, 105, 106, 109
执行或取消指令, 61
止损限价指令, 60
止损指令, 34, 60, 61, 109, 110
指数ETF, 36, 39, 40
指数基金, 27, 31, 35, 40, 123, 125, 127, 129, 130, 131, 140
指数投资, 127, 129, 130
质量投资, 133
滞后指标, 70
中型股, 19, 20, 22, 31, 39, 130
周末效应, 110
周期型股票, 19, 22, 23, 27, 53, 69, 132
资本利得, 14, 61, 62, 63, 64, 117, 119, 128, 129, 134
资产负债平衡表, 85
自营业务, 11
总统选举周期, 111
总资产周转率, 88, 89
阻力, 98, 99, 100, 103, 105, 106, 110

英文索引

10-K, 6, 29, 85, 115
α, 27, 28, 130
β, 27, 28, 130
Accumulation/Distribution, 106
Acquisition, 121
Active Investing, 129
Actively Managed ETF, 37
Actively Managed Fund, 31
ADR, 29, 30
Algorithmic Trading, 112
All-or-None Order, 61
American Depository Receipt, 29
Asset Turnover, 88
At-The- Money, 45
Average Annual Return, 32
Average Directional Index, 106
Average Receivable Collection Period, 88
Balance Sheet, 85
Basel II, 154
Bear, 19, 37, 149
Behavioral Finance, 126
Beige Books, 72, 77
Bloomberg, 30, 51, 53, 54, 116, 117, 160
Blue Chip Stock, 17
Blue Sky Law, 7
Bottom-Up, 67
Brokerage Firm, 11
Bull, 19, 37, 149
Business Cycle, 69
Buy-and-Hold, 127
Buy-Side Analyst, 11
Calendar Effect, 110
Call Option, 44
CANSLIM, 128, 141, 142
Capital Gain, 61, 62
Cash Account, 52
Cash Conversion Cycle, 88
Cash Flow from Operations Ratio, 87

Cash Ratio, 87
Channel, 99
Charles Dow, 96
Churn Rate, 159
Clientele Effect, 119
Closed-End Fund, 33
Commodity ETF, 36
Common Stock, 15
Concept Stock, 18
Conference Board, 11, 75, 76
Consumer Confidence Index, 72, 76
Consumer Price Index, 73
Contango, 37
Contingent Order, 61
Continuation, 101
Contrarian Investing, 135
Convertible Preferred Stock, 15
Core-Satellite, 130
Cover, 24, 54, 150
Covered Call, 147
CPI, 72, 73, 74
Credit Risk, 153
Crossover, 106
Crowding Out Effect, 78
Cup and Handle, 105
Currency ETF, 37
Current Ratio, 86
Cyclical Stock, 22
Day Order, 61
Day Trader, 52
Defensive Stock, 23
Deferred Acquisition Cost, 156
Deficit, 77
Divergence, 106
Dividend, 16
Dividend Changes, 118
Dividend Discount Model, 68
Dividend Yield, 134
Dogs of the Dow, 142
Dollar Cost Averaging, 144

Dollar Cost Averaging Down, 145
Dollar Cost Averaging Up, 145
Double Bottom, 103
Double Top, 103
Dow 4, 142
Dow 5, 142
Dow Jones Industrial Average, 18
Downtrend, 98
Dupont System, 91
Durable Goods Orders, 72, 75
Earnings Release, 115
ECN, 9, 10
EDGAR, 6, 115, 120
Efficiency Ratio, 154
Efficient-Market Hypothesis, 93
Electronic Communications Network, 9
Employment Situation Report, 71, 72
Equity Turnover, 89
ETF, 13, 30, 32, 34, 35, 36, 38, 39, 40, 41, 127, 129, 130, 131, 132, 133, 134, 136, 137, 139
ETN, 39, 40
Event Study, 125
Excess Return, 26
Exchange Traded Fund, 34
Exchange Traded Note, 39
Existing Home Sales, 72, 76
Expense Ratio, 33
Fallen Angel, 17
FDIC, 153
Fed Funds Rate, 79
Federal Deposit Insurance Corporation, 153
Federal Reserve, 77, 153
FIFO, 130
Fill-or-Kill Order, 61

Financial Industry Regulatory Authority, 6
FINRA, 6, 7, 11, 65, 66
Fiscal Policy, 78
Fitch, 156, 160
Fixed Charge Coverage, 90
Fixed Charge Coverage Ratio - Cash Basis, 90
Fixed-Income ETF, 37
Flag, 105
FOMC, 72, 79
Foolish Four, 142
Fund of Funds, 43
Fundamental Analysis, 67
Futures, 36
GARP, 133
GDP, 70, 72, 74, 75, 80
Glamour Stock, 21
Gordon Model, 68
Gross Domestic Product, 74
Gross Profit Margin, 90
Growth Investing, 131
Growth Stock, 21
GTC, 61
Halloween Indicator, 110
Head and Shoulders, 101
Health Insurance, 155
Hedge Fund, 42
Hedge Fund ETF, 37
Holding Company Depositary Receipt, 40
HOLDR, 40
Housing Permits, 77
Housing Starts, 72, 77
Income Investing, 134
Income Statement, 86
Independent Analyst, 11
Index Fund, 31, 40
Index Investing, 129
Index of Leading Economic Indicators, 72, 75
Inflation, 73
Inflation Rate, 69
Initial Public Offering, 124
Insider Trading, 119, 125
Institutional Investors, 11
Interest Coverage, 90

Interest Rate Risk, 153
Internal Revenue Service, 61
In-The- Money, 45
Intrinsic Value, 45, 68
Inventory Turnover, 88
Inverse ETF, 37
Investment Bank, 11
IPO, 124
IRS, 61, 62, 63, 64, 152
ISM Manufacturing Survey, 72, 75
Issued Stock, 16
January Barometer, 111
January Effect, 111
Lapse Ratio, 156
Leverage ETF, 37
Life Cycle Investing, 143
Life Insurance, 155
Limit Order, 59
Liquidity Risk, 153
Long, 125, 145, 149, 150
M&A, 121
MACD, 106, 107
Margin Account, 52
Market Neutral, 139
Market Order, 59
Market Timing, 128, 139
Mark-to-Market, 62
Merger, 121
Michael Porter, 82
Modern Portfolio Theory, 129
Momentum Investing, 136
Monday Effect, 111
Monetary Policy, 78
Moody's, 156, 160
Moving Average, 100
Moving Average Convergence Divergence, 106
Multiplier Effect, 78
Mutual Fund, 31
NASDAQ, 8, 9, 13, 124
NASDAQ Composite Index, 19

National Association of Securities Dealers Automated Quotations, 8
Net Asset Value, 33
Net Profit Margin, 91
Neutral Network, 113
New York Stock Exchange, 7
Non-cyclical Stock, 23
Non-Resident Alien, 63
NYSE, 7, 8, 9, 13, 46, 56, 124
NYSE Composite Index, 19
NYSE Euronext, 8
OCC, 46, 153
October Effect, 112
Office of the Comptroller of the Currency, 153
OPEC, 161
Open-End Fund, 31
Operating Profit Margin, 90
Option Account, 52
Ordinary Dividend, 62
Ordinary Split, 124
OTC Bulletin Board, 10
OTC Market, 10
OTCBB, 10
Out-Of-The-Money, 45
Outstanding Stock, 17
Overbought, 106
Overreact, 116, 125, 135
Oversold, 106
P/E Ratio, 3, 16, 67
Passive Investing, 129
Pattern, 101
Payable Turnover, 88
PEG Ratio, 133
Penny Stock, 18
Pink Sheets, 10
PMI, 75
PPI, 72, 74
Preferred Stock, 15
Pre-Holiday Effect, 111
Premium, 44, 156
Presidential Election Cycle, 111
Private Equity Fund, 43

Producer Price Index, 74
Property & Casualty Insurance, 155
Protected Put, 148, 149
Pump-and-Dump, 66
Purchasing Manager Index, 75
Put Option, 44
Qualified Dividend, 62
Quality Investing, 133
Quick Ratio, 87
Ralph Elliott, 108
Random Walk, 91, 93
Rate of Return, 25
Real Estate Investment Trust, 42
Real Risk-Free Rate, 68
Receivables Turnover, 87
Rectangle, 105
Redemption, 32
REIT, 42
Relative Strength Index, 107
Relative Value, 139
Resident Alien, 63
Resistance, 98
Retail Sales, 72, 76
Retention Rate, 69
Retirement Account, 52
Return on Asset, 91
Return on Equity, 69, 91
Reuters, 11, 116, 157, 160
Reversal, 101
Reverse Head and Shoulders, 101
Reverse Split, 124
Risk Premium, 26
ROA, 91, 154, 156
ROE, 91, 133, 154, 156
RSI, 107, 136, 141
R-Square, 28
Rule-Based Trading, 112
Russell 3000, 19
Saucer Bottom, 103
Seasonality, 110, 116
Seasoned Equity Offering, 124, 125
SEC, 3, 6, 7, 9, 10, 11, 29, 32, 46, 51, 52, 66, 85, 115, 120
Secondary Equity Offering, 124
Sector Rotation, 137
Securities and Exchange Commission, 6
Sell in May and go away, 110
Sell-Side Analyst, 10
SEO, 124
Sharp Ratio, 26
Short, 24, 66, 145, 149, 150
Short Selling, 24
Short Squeeze, 24
Short-and-Abort, 66
Sideway, 98
SIPC, 7, 13, 51, 66
Solvency, 89
Special Dividend, 118
Spin-Off, 122
Standard & Poor's, 19, 160
Standard & Poor's 500, 19
Standard Deviation, 26
Statement of Cash Flow, 86
Statement of Shareholders' Equity, 85
Stock Index ETF, 36
Stock Options, 44
Stock Repurchase, 117
Stock Split, 123
Stop Order, 60
Stop-Limit Order, 60
Support, 98
Surplus, 77
Swap, 36
SWOT Analysis, 85
Synergies, 121
Tax Treaties, 64
Technical Analysis, 93, 110, 114
Time Value, 45
Times Interest Earned, 90
Times Interest Earned - Cash Basis, 90
Top-Down, 67
Trailing Stop Order, 60
Trend, 98, 114
Trendline, 98
Triangle, 103
Triple Bottom, 103
Triple Top, 103
Turnover, 33, 89
Underreact, 116, 125
Unearned Premium, 156
Unemployment Insurance Weekly Claims Report, 72, 73
Unit Investment Trust, 41
Uptrend, 98
Value Investing, 92, 132
Value Stock, 21
Value Trap, 132
VIX, 40, 135, 139
Volatility Index, 135
Volume, 56, 99
Wash Sale, 62
Wedge, 105
Weekend Effect, 110
Whisper Number, 58, 116
William Gann, 108
William O'Neil, 141
Wilshire 5000 Total Market Index, 19
Windows Dressing, 111
Working Capital, 86
World Federation of Exchanges, 13

欢迎访问美股168以获取美股资讯、交流经验和寻求帮助。

www.meigu168.com

Made in the USA
Lexington, KY
22 February 2012